JN096654

金融時事用語集

2024年版（第35版）

金融ジャーナル社

刊行にあたって

金融を巡る環境は急激に変化しており、目が離せません。2023年はコロナ禍が収束傾向となったものの、米国シリコンバレーバンクの経営破綻や地政学的リスクの高まりで世界経済の不透明感が強まっています。日本では、日本銀行の新総裁に植田和男氏が就任し、金融政策の見直しが進んでいます。

技術革新も進み、新たな用語も多数誕生するなかで、それらを理解する一助として、「2024年版金融時事用語集」では約200項目の用語を厳選し、大学や研究機関の専門家にご協力頂き、時事的に解説しました。

本書は1990年版の創刊以来35版目となりますが、今年も新規項目の入れ替えと既存項目の見直しを図りました。冒頭の「2024年のトピックス10」では「ゼロゼロ融資後の事業者支援」「新NISA始動」「日銀・植田新総裁と金融緩和の行方」「生成AIと金融」などをテーマに解説しています。2024年の金融・経済を理解するためのお役に立てればと思います。

旧版の内容を見直した結果、削除・統合した項目もありますので、巻末の「整理・削除項目」をご参照頂き、過年度版もあわせてご利用頂ければ幸いです。

2023年12月

金融ジャーナル社

●執筆陣

本書は、下記の機関で活躍されている皆さまのご協力を頂き、編集部の責任でまとめました。

アビームコンサルティング、青山財産ネットワークス、金融ビジネスアンドテクノロジー、金融経営研究所、しんきん成年後見サポート、全国銀行協会、センスクリエイト総合研究所、太陽有限責任監査法人、大和総研、ニッセイ基礎研究所、日本アジア投資、㈱日本総合研究所、野村資本市場研究所、マリブジャパン、三菱UFJリサーチ＆コンサルティング、三宅経営コンサルティング事務所、モルガン・スタンレーMUFG証券、有限責任あずさ監査法人、ロンバー・オディエ信託、ワーク・ライフバランス、A.T.カーニー、BRABEYELL、EYストラテジー・アンド・コンサルティング、NTTデータ経営研究所、PwCアドバイザリー合同会社、Ridgelinez

大学教授（所属）

遠藤正之（静岡大学）、大槻奈那（名古屋商科大学）、小関隆志（明治大学）、小早川周司（明治大学）、白塚重典（慶應義塾大学）、寺林暁良（北星学園大学）、永野護（成蹊大学）、西山巨章（大正大学）、沼波正（政策研究大学院大学）、羽生香織（上智大学）、原田喜美枝（中央大学）、播磨谷浩三（立命館大学）、平田英明（法政大学）、堀江康熙（九州大学）、益田安良（東洋大学）、三和裕美子（明治大学）、山沖義和（信州大学）、家森信善（神戸大学）

（敬称略）

CONTENTS

Ⅲ 業務、商品・サービス 109

Ⅳ 経営、市場 169

Ⅴ 働き方・雇用 205

Ⅵ 高齢化、少子化 227

Ⅶ 金融行政・政策 241

Ⅷ 金融基礎法令・機関 257

Ⅸ 特別資料 279

●キーワード索引

〈凡例〉

①索引配列は、五十音順、アルファベット順。

②索引の→印は、同義語もしくは関連項目、参照項目を示す。

③用語解説本文中の**ゴシック文字**は、他ページに解説、関連項目があるもの。

行

行

さ行

た行

な行

 行

 行

2024年版の主な新規掲載項目

本号では毎年、項目を洗い替えて、タイムリーな用語の掲載に努めています。2024年版の主な新規項目は下記の通りです。

【DX・フィンテック】
インターオペラビリティ
ステーブルコインの発行・流通
データガバナンス
デジタル社債
バーチャルカード
メタバースと金融
GAFAMとデジタル課税

【脱炭素・サステナビリティ】
サステナビリティ開示
GHG排出量算定
人権デューデリジェンス
ZEB(ネット・ゼロ・エネルギービル)

【業務、商品・サービス】
為替取引分析業
経営者保証改革
広告ビジネス参入
事業成長担保権
ベンチャーデット
ペット保険
ポイント運用の多様化
50年住宅ローン
AT1債
CLO
IPO
LBO
REVICareer

【経営、市場】
グローバルサウス
コーポレートガバナンスの実質化
四半期開示の見直し
資産運用立国と運用の独立性
障がい者への合理的配慮
新紙幣発行と事務対応
地域銀行の他行株式取得
チャイナリスク
デジタルバンクラン
LGBTQと金融機関
PBR
SVBの経営破綻と金融不安

【働き方・雇用】
インフレ手当
健康経営宣言
最低賃金制度
週休3日制
タレントマネジメントシステム
ベア・賃上げの継続性
リバースメンタリング

【高齢化、少子化】
空き家対策の推進
共同親権
相続時精算課税制度
嫡出推定

【その他】
金融経済教育推進機構　など

2024年のトピックス10

日本銀行の植田和男総裁のもとで新たな金融政策運営がスタートした。2023年7月と10月にはイールドカーブ・コントロールの運用を柔軟化し、長期金利の1%超えを容認

中古車販売大手ビッグモーターによる保険金不正請求問題の波紋が広がっている。金融庁はビッグモーターの営業店や損保ジャパンなどに相次ぎ立ち入り検査を実施

ゼロゼロ融資後の事業者支援

円安や物価高もあり、中小企業にとってゼロゼロ融資の返済開始が資金繰りのさらなる負担となっている。金融機関では貸し倒れリスクが高まることになるため、事業者の経営状況に見合った多様な支援を行っている。

2020年に始まった新型コロナウイルスの影響で売り上げが減少した個人事業主や小・中規模事業者に対して、実質無利子・無担保で実施した「**ゼロゼロ融資**」の返済が本格化している。中小企業庁によると、ゼロゼロ融資（政府系金融機関と民間金融機関の合計）は、総額42.2兆円（2022年9月末）が実行された。

例えば、地方銀行のゼロゼロ融資の残高は、約40万件で6.9兆円（2022年9月末）に上っており、2023年度中には9割近くの返済が始まるという（全国地方銀行協会）。

円安や物価高、人件費の上昇などもあり、資金繰りが厳しくなっている多くの中小企業などにとって、ゼロゼロ融資の返済開始が資金繰りへさらなる負担となっており、業績悪化や企業倒産の増加にもつながることになる。

こうした事態は、各金融機関にとっても、貸し倒れリスクが高まることになるため、事業者の経営状況に見合った多様な支援を相次いで行っている。

一般的に、ゼロゼロ融資が返済できない場合には、金融機関との協議のなかで、追加借り入れ、借り換え、条件変更などを行うこともあるが、安易に実行できるものではない。

このため、2023年1月より、信用保証協会によるコロナ借換保証制度が創設されている。売り上げの減少だけでなく、利益率が低下している企業が、経営行動計画書の作成と金融機関による伴走支援などを条件に、ゼロゼロ融資を含め借り換えができる制度である。金融機関から5年間の伴走支援を受けながら、事業の黒字化や再構築などにより、業績回復に努め借入金の返済を進めることになる。

各金融機関では、ゼロゼロ融資の返済に窮している取引先の当面の資金繰りを支援するため、既存融資の貸付条件の変更にも迅速に対応している。

また、取引先の成長・発展に向けて、ビジネスマッチングによる販路開拓や、人材マッチングによる人材確保などの支援を行っている。

例えば、地方銀行では、2020年3月末から2023年7月末までの累計で、貸付条件の変更が77.2万件（実行率99.2％）に上っている。ビジネスマッチングの成約件数は、前年比3.0%増の7万4,578件となっており、人材マッチングの成約件数は、前年比12.2%増の3,450件となった（2022年度）。

さらに、地方銀行では、**中小企業活性化協議会**などの外部機関との連携や、企業再生ファンドへの出資などを通じ、経営改善や事業再生が必要な取引先の支援を行っている。

また、多くの地方銀行ではポストコロナ時代の経済社会の変化に対応するため、新分野展開や業態転換、事業再編などに意欲を有する地域企業の挑戦を後押しすることを目的に設けられた国の「事業再構築補助金制度」を活用した支援も行っている。

金融庁においても、2023事務年度「金融行政方針」において、事業者支援の一層の推進のため、「金融機関が、資金繰り支援にとどまらず、資本性劣後ローンやREVIC等を活用しながら、経営改善支援や事業再生支援等を実施することを促す」としている。事業者支援に関する重点的なヒアリングを通じて、課題を把握し、事業者の実情に応じた支援の徹底を促している。

新NISA始動

個人の金融資産について、国は「貯蓄から投資へ」のシフトをこれまで以上に後押しするため、小口の投資収益を非課税化する暫定的な制度であるNISAを抜本的に拡充し、制度を恒久化した新NISAに移行する。

株式や投資信託などの金融商品に投資をした場合、これらを売却して得た利益や受け取った配当に対して約20％の課税をされる。**NISA**は、非課税口座内で、毎年一定金額の範囲内で購入したこれらの金融商品から得られる利益が、非課税となる制度である。イギリスのISA（Individual Savings Account＝個人貯蓄口座）をモデルにしており、日本版ISAとして、NISA（ニーサ・Nippon ISA）と呼ばれている。

2014年に一般NISAが暫定的な制度として導入され、年120万円までの範囲内で上場株式及び投資信託等を購入することができ、非課税期間は5年となっている。その後、2016年にはジュニアNISA（年80万円、非課税期間5年、口座開設は未成年者が条件）、2018年にはつみたてNISA（年40万円、非課税期間20年、長期の積み立て・分散投資に適した一定の投資信託への積み立て投資が条件）が追加された。

2024年1月には、これらNISAの抜本的な拡充、制度の恒久化が図られ、新しいNISAが導入される予定である。それまでのNISAが一般NISAとつみたてNISAの選択制だったのに対して、新NISAでは非課税期間が無期限となり、一般NISAの後継となる成長投資枠、つみたてNISAの後継となるつみたて投資枠の両方を併用できることとなる。なお、ジュニアNISAの後継となる投資枠は作られなかった。

投資対象商品については、NISA制度が安定的な資産形成を目的とするものであることを踏まえ、つみたて投資枠はつみたてNISAと同様であるが、成長投資枠では、一般NISAの投資対象商品（上場株式・投資信託等）から、信託期間20年未満、高レバレッジ型及び毎月分配型の投資信託等は除外されている。

そのほかの拡充された主な事項としては、つみたて投資枠は年120万円、成長投資枠は年240万円までが投資の上限となり、非課税口座のなかで保有できる限度額は2つの投資枠の合計で1,800万円（うち成長投資枠は1,200万円）まで、となる。これまでのNISAでは、つみたてNISAを選択した場合でも限度額は800万円（一般NISAでは600万円）であり、大幅に増額されている。

これらは、資産所得倍増を掲げる岸田文雄内閣において、2022年6月の「新しい資本主義のグランドデザイン及び実行計画」のなかで「個人金融資産を全世代的に貯蓄から投資にシフトさせるべく、NISA（少額投資非課税制度）の抜本的な拡充を図る」とされ、同年11月の「資産所得倍増プラン」で示された抜本的拡充・恒久化を具体化した形となっている。

日本の家計金融資産は前年同期比4.6％増の2,115兆円（2023年6月末）となったが、その構成比を見ると、依然として現預金が最大の52.8％を占め、株式等は12.7％に過ぎない。預金等による運用はこれまで、間接金融が中心の日本企業に資金を供給する役割も担っており、経済を回す原動力であった。しかし、長引く低金利の下では十分な運用益を得ることは困難であるから、少額投資の非課税優遇により、運用手法の多様化を後押しし、運用益の向上につなげることは重要である。そのためには、投資に不慣れな投資家に、これまで以上に金融教育を充実させることも欠かせない。

日銀・植田新総裁と金融緩和の行方

今後の金融政策運営には、異次元緩和を解除し、持続的な成長経路へ復帰を後押しする政策運営体制の確立が求められる。政策修正のロジックは引き締め方向への政策転換ではなく、緩和度合いを微調整するというものとなろう。

今後の**日本銀行**の金融政策運営には、持続的な成長経路への復帰を後押しして行くことが求められる。その基本的な考え方は、「異次元緩和」という表現に象徴される非常事態・異例時の政策を解除し、長期的に持続可能な政策運営枠組みを再構築していくことである。特に、金融緩和の度合いを調整することで、最低限の金利機能が働く状況を作り出し、日本経済の構造改革を息長く後押ししていくことが重要となる。

当面の政策運営を議論する準備として、最も標準的な金融政策ルールであるテイラールール(**図表**)を使って様々な政策調整が終了した状況での長期的な金融環境を整理する。

図表：テイラールール

(政策金利) ＝均衡実質金利＋インフレ目標
＋α×(インフレ率－インフレ目標)
＋β×(GDPギャップ)

テイラールールでは、インフレ率とGDPギャップの変動に応じて、政策金利の水準を調整していく。その際、インフレ率がインフレ目標に一致し、GDPギャップがゼロである長期的な定常状態にあるときの政策金利水準は、テイラールールの定数項に一致する。この定数項は、均衡実質金利とインフレ目標に分解できる。人々の長期インフレ予想がインフレ目標の水準にアンカーされ、均衡実質金利がゼロ以上であれば、平均的な政策金利の水準(中立水準)は、少なくとも2%を超えることになる。長期金利は、さらにタームプレミアムを加味する必要があるため、もう少し高い水準に到達していると考えられる。ただし、持続的な成長経路への復帰に向けての構造調整の進展状況によって、均衡実質金利の水準は、不確実性が大きい。均衡実質金利の水準が高まれば、その分、平均的な政策金利の水準も上振れする。

上記のように考えると、我が国のイールドカーブは、先行き100bps以上の上方シフトが生じることになる。しかし、米欧のような急激な引き締めが行われる可能性は低く、イールドカーブの上昇も徐々に進んでいくと想定される。

この時の調整プロセスの第一歩は、**イールドカーブ・コントロール(YCC) 政策**の解除である。ただ、その構成要素である、マイナス金利と10年物長期国債の目標レンジについて、どちらかを先に修正するか、あるいは同時に修正するかは、金融面も含めた今後の経済・物価環境次第である。もっとも、その際、政策修正のロジックは、引き締め方向への政策転換を図る訳ではなく、緩和度合いを微調整するというものとなろう。我が国でも、物価環境が変化し始めており、人々の長期インフレ予想も少しずつ上昇している。このため、名目金利を据え置いたままでは、実質金利が低下し、むしろ緩和度合いが強化されることになる。

ただし、政策金利の本格的な引き上げのプロセスに入るまでには、景気の腰折れを回避するために、さらに十分な時間をかけ、経済・物価情勢の点検を行なっていく可能性が高い。

ポイントは賃金の上昇を伴う形でインフレ目標を安定的･継続的に実現できるかだ。その意味で、2024年春以降の春闘で、継続的な賃上げが実現していくかが注目されていることは間違いない。

サステナブルファイナンスと脱炭素化支援

持続可能な社会を実現するための金融であるサステナブルファイナンスの重要性が増している。サステナブルファイナンスは、世界規模で取り組むべき喫緊の課題である。脱炭素社会の実現に向けても不可欠な概念である。

近年、地球温暖化の進行に伴い、豪雨や洪水等の自然災害が深刻化しており、脱炭素移行社会の実現に向けた取り組みは、世界的な規模で一刻を争う課題となっている。

2023年1月、**金融庁**は有価証券報告書上に、サステナビリティに関する考え方及び取り組みの記載欄を新設することを発表。企業は地球環境に関する取り組みの情報開示が求められることとなった。開示項目として、必須事項の「ガバナンス」「リスク管理」、任意事項の「戦略」「指標及び目標」の4つの要素が挙げられており、企業には脱炭素社会に向けて、具体的かつ主体的な姿勢が要求されている。

脱炭素社会の実現に向けて金融機関が担う役割は大きく、具体的にはサステナブルファイナンスによる資金供給、地域との連携等が挙げられる。

サステナブルファイナンスとは、持続可能な社会を構築するための金融のことを指す。脱炭素社会の実現に際し、環境改善事業の推進や効果測定等の設備構築のため、資金供給は必須である。近年、銀行では温室効果ガス削減の取り組みを支援する金融商品を多数生み出しており、一例として、グリーンローン、**サステナビリティ・リンク・ローン**、ESGファンドが挙げられる。グリーンローンの特徴として、資金使途が地球温暖化など環境問題の解決に取り組む事業に限定される点がある。加えて、グリーンローンで調達された資金は追跡調査されるとともに、発行後は情報開示及び報告により、透明性が確保される。一方、サステナビリティ・リンク・ローンでは、資金使途は特定されない。契約時に、企業のサステナビリティ施策と整合した定量的な目標を設定し、達成状況に準じて貸付条件を変動させる融資を行う。ESGファンドは、環境問題への取り組みの評価が高い企業へ投資するファンドである。株主総会での議決権行使や情報の開示請求等を通じて、投資先の企業に対してESGへの対応の促進を図る役割もある。

保険会社では、自然災害等で被災した場合、復旧の際に、脱炭素化を推進する火災保険が登場している。同保険では、被災建物の復旧時に、温室効果ガスの排出量の削減につながる設備や技術の導入にかかる追加費用を補償する。

金融機関には、地域企業との連携も期待されている。現状、中小企業の多くは、カーボンニュートラルの重要性を認識しながらも、約8割の企業が取り組みの検討や実施をしていない（商工中金「中小企業のカーボンニュートラルに関する意識調査」）。地域の金融機関には、幅広いネットワークを生かし、LED照明や省エネ機器等の機械の調達先や専門人材の紹介、スキーム構築のための企業間の連携の旗振り等が求められている。

一方で昨今、表面的には環境問題に配慮しているように見せかけ、実態としては投資戦略の変更等をしていない、**グリーンウォッシュ**の問題も指摘されている。対策として、金融庁はESG投信を取り扱う資産運用会社に対して、ESG要素を考慮している旨の記載がある際は、組織体制の整備、ESG評価機関との議論、積極的なスチュワードシップ活動等により、取り組みの向上を図ることを要請している。

仕組み債、高リスク商品の販売態勢

金融商品取引法では、顧客の投資方針や経験等に基づく金融商品の勧誘を求めており、日本証券業協会は規則、ガイドラインにより必要な規制を行っているが、その実効性を担保するためには、金融機関の販売態勢も重要である。

1990年代後半から金融システム改革（日本版金融ビッグバン）が進められ、投資に関する環境も大きく変わった。販売できる金融商品が多様化するとともに、銀行、証券、保険の業界の垣根が低くなり、ワンストップで様々な金融商品を契約できるようになったことから、投資家にとって選択の幅が広がった。このため、多様化した金融商品を購入する、投資経験の浅い投資家が増えることが想定された。

2007年9月に証券取引法が**金融商品取引法**に改正され、金融商品や金融サービスについて、投資家の属性に応じて包括的・横断的に保護するルールが整備されることとなった。例えば、投資家を特定投資家（プロ）と一般投資家（アマ）に分けた上で、一般投資家に対して有価証券やデリバティブ取引の販売・勧誘を行う場合には「契約締結前の書面交付義務」などのルールを課す一方、特定投資家に対しては適用除外とした。

改正法で販売・勧誘に関するルール整備がなされたが、金融商品の中には一般の投資家には難解なものも含まれ、元本保証がない高リスクの商品によって多額の損害を被るケースが発生することとなった。最近の事例では、クレディ・スイスの**AT1債**、ちばぎん証券等が販売した仕組み債の問題が大きく報道された。

AT1債とは、自己資本に組み入れるため（Additional Tier1

の略）に発行した永久劣後債であり、通常の債券よりも回収する優先度が低い（株式よりは優先度が高い）かわりに、通常の債券よりも相対的に高い金利が見込める債券である。

クレディ・スイスの発行したAT1債については、政府が特別支援をするなど「存続に関わる事象」が発生した場合に無価値にする全損条項が付いていた。このため、リスクが高いと判断し、リテール販売を取りやめた証券会社と、そのまま販売した証券会社に対応が分かれた。その後、クレディ・スイスの経営危機により、2023年3月、この全損条項が適用されて無価値となったことから、「一般投資家に販売すべきでない高リスク商品を販売した」「販売時にリスクに関する適切な説明がなかった」として、訴訟が起こされている。

仕組み債とは、通常の債券にはみられないような特別な「仕組み」を持つ債券である。この場合の「仕組み」とは、スワップやオプションなどのデリバティブを利用することにより、投資家や発行者のニーズに合うキャッシュフローを生み出す構造を指す。こうした「仕組み」により、満期や利子、償還金などを、投資家や発行者のニーズにあわせて比較的自由に設定することができる。

ちばぎん証券等による仕組み債の販売では、適合性の原則（金融商品取引法40条1号、顧客の投資方針や経験等に基づいた勧誘）に抵触する営業を継続していたとして、2023年6月、関係金融機関に国は行政処分を行った。また、日本証券業協会は同年4月、仕組み債の販売に関する規則、ガイドラインを改正し、販売の適正化を進めることとなった。

テクノロジーの進歩に伴い、今後、さらに複雑な商品の登場も想定される。制度だけでなく、引き続き、金融機関側の投資家保護の視点に立った販売態勢が求められる。

ビッグモーター問題で問われるガバナンス改革

中古車販売大手ビッグモーターの保険金不正請求において、親密な関係にあった損害保険ジャパンとSOMPOホールディングスに対しても金融庁が立入検査に入るなど、顧客軽視とガバナンス欠如が問題視されている。

◆不正請求の要因と背景

中古車販売大手ビッグモーターの保険金不正請求問題では、ビッグモーターが自動車修理の際、故意に自動車に傷をつけるなど、保険金請求の対象となる修理費用を水増ししていた。また、損保ジャパンがビックモーターの不正を黙認し、自社利益のために保険金の不正請求に加担したとされている。

内部告発によるビッグモーターによる修理費用の水増し請求の疑いから、損害保険大手4社（損保ジャパン、東京海上日動火災保険、三井住友海上火災保険、あいおいニッセイ同和損保）は、事故車の紹介を止めたが、損害保険ジャパンは、ビッグモーターによる不正の可能性があることを認識していながら、同社との取引を2022年7月に再開していた。また、2019年に社内にビッグモーターに対応するチームを設けて損害査定を簡略化していた。不正がないかをチェックする損害査定の仕組みや体制が甘くなり、故意に車体に傷を付けるなどして保険金を水増し請求するビッグモーターの不正がはびこる一因となったとされる。

◆ガバナンスの不全

金融庁は、2023年10月、ビッグモーターと損保ジャパンに立ち入り検査に入った。保険業法に照らして顧客保護の観点から問題が認められれば行政処分も含めて厳正に対処するとしている。金融庁は、顧客軽視の経営体制に加え、親会社のSOMPOホールディングスを含めたグループのガバナンス体制や企業風土も問題視しているという。損保ジャパンを監督する立場にある持ち株会社SOMPOホールディングスの桜田謙悟会長兼グループ最高経営責任者は、損保ジャパンの取締役も兼ねている。なお、損保ジャパンの白川儀一社長は2023年7月に引責辞任している。

SOMPOホールディングスは、2019年6月に監査役設置会社から指名委員会等設置会社に移行し、経営全般を監督する取締役会と業務を執行する執行役を分離した。社外取締役や女性取締役の比率も高く、ガバナンスに優れた会社とされてきた。

しかし、ビッグモーター事件における損保ジャパンの対応は、ガバナンス不全といわれても仕方ないものであり、残りの損保大手3社も同様に誇れたものではない。

なお、ビッグモーター事件と並行して、公正取引委員会は、一部の企業向け火災保険などで、損保ジャパンなど損保4社が保険料を事前に調整したカルテルの疑いがあるとして独占禁止法違反（不当な取引制限）の疑いで調査に入っており、金融庁は4社に報告徴求命令を出している。

◆最大の被害者は保険契約者

これら一連の事件において、最大の被害者は、不正請求により過大な保険料負担を強いられた保険契約者といえる。

損保業界は相次ぐ不祥事をきっかけに、顧客の利益より大口取引先との関係や目先の利益を重視する姿勢を改め、法律を順守し、顧客の利益を第一に考える経営の基本に立ち返る必要がある。形式的なガバナンス体制の構築ではなく、保険契約者の保護を第一に、適切な業務運営を確保することが求められている。

生成AIと金融

生成AI（人工知能）は、2022年秋から相次いで公開され、一挙に普及した。金融業界でも対顧客サービス、市場動向の調査・分析、社内管理業務の高度化・効率化、新商品開発など様々な場面での活用を考え得るが、課題も多い。

◆活用分野の広がり

生成AIは、文書、画像、動画などの広範な知的コンテンツを対話により作成できるAI（人工知能）である。2022年末からOpenAIのChatGPT、GoogleのBard、MicrosoftのBingAIといったサービスが相次いで開発・公開され、一般利用者に一挙に普及した。その後も、各分野で多数の新サービスが提供されている。

生成AIを金融のどの分野で活用できるかについての模索が、既に始まっている。重要な視点は、生成AIの活用は単なる電子化（自動化）とは異なることである。手作業をコンピューター処理に移したり、対面取引をインターネット上での顧客による入力に転換したり、現金取引をキャッシュレス決済に転ずるといったことは、金融機関は既に様々実施してきた。いわゆるフィンテックである。

生成AIの強みは、雑多な情報の整理、論理の構築、文章作成、対話、画像・動画の編集にとどまらず、統合コンテンツの創造といった従来人間の頭脳にしかできないと考えられてきたタスクまで担い得る点にある。よって、これをビジネスに活用する際にも、単に作業を自動化するだけでなく、いかにして生成AIにしかできない機能を生かすかという発想が重要となる。

◆金融との関係

生成AIの適用範囲は広く、金融業界のあらゆる業態において活用が期待できる。

まず、従来の職員による対面サービス、電話サービスをAIに置き換えることで、対顧客サービスの効率化を図れるだけでなく、活用方法次第では高度化も図り得る。

店頭での案内や簡単な事務処理だけでなく、運用・資金調達などにかかわる比較的高度なアドバイスにおいても、職員によるサービスより高品質なサービスを提供し得る。

より力を発揮するのは、市場・顧客動向の調査・分析においてであろう。AIは、金融市場の予測、ビッグデータの解析などに長けている。

社内の管理業務の高度化・効率化にも、AI活用は貢献するであろう。特に金融機関にとって生命線となるリスク管理において、信用リスク、市場リスクなどの諸リスクの計量化に、AIが果たす役割は大きいであろう。

AIが進化すれば、将来は新金融商品の開発における活用をも期待できる。

◆活用上の課題

生成AIは、適切に活用すれば多様な効用をもたらすであろうが、他方で様々なリスクをはらむ。まず、生成AIは、非常識なアウトプットを行う懸念がある。例えば、従来は職員が行っていた対顧客サービスをAIが代替した場合、定型的な事務や助言においては、問題は生じないであろうが、非定型的な場面では、AIが常識では考えられないような不適切な対応や回答をする可能性がある。金融業は、**金融商品取引法**など様々な法令により顧客との関係を規制されているが、AIがこれに抵触する可能性は、人的サービスより格段に高まるであろう。

また、生成AIが適切で有効なアウトプットを出すには、十分なデータと膨大な学習が必要となる。そのためのコスト・事務負担がかさめば、AIによる効率化の効果が台無しになる懸念もある。

スタートアップ支援とリスクマネー供給

岸田文雄政権は成長戦略の1つに「スタートアップ・エコシステムの構築」を掲げた。業歴が浅く、資金調達が課題となっているスタートアップに向け、政府主導でリスクマネー供給の取り組みが進もうとしている。

スタートアップとは、常識にとらわれず新たな価値観に基づく革新的な技術・アイデアによって、新ビジネスを創り出す成長企業を指す。イノベーションにより短期間で急成長する一方、資金面など経営基盤が脆弱であるケースが多いのが特徴である。

2021年10月に発足した岸田政権では、「スタートアップは、社会的課題を成長のエンジンへと転換して持続可能な経済社会を実現する、新しい資本主義の考え方を体現するもの」とし、成長戦略の柱の1つとして掲げた。

しかしながら、OECDが行った国際比較によると、日本のベンチャーキャピタル投資額の対GDP比は0.03%に過ぎず、G7諸国の中ではイタリアに次いで低い（トップは米国の0.4%）。また、内閣官房の資料によると、2021年3月におけるユニコーン企業（時価総額10億ドル超の未公開企業）は、米国274社、中国123社に対し、日本はわずか4社にとどまっている。

こうした状況を踏まえ、政府は「スタートアップ育成5か年計画」を策定し、スタートアップの起業加速と、既存大企業によるオープンイノベーション（スタートアップの新技術やアイデアとの融合で革新的価値を創出）の推進を通じて、日本にスタートアップを生み育てるエコシステムを創出するとした。

本5か年計画における投資

額は、2027年度に現状比10倍を超える規模(10兆円規模)を目標とした。さらに、将来的にユニコーンを100社創出、スタートアップを10万社創出することにより、我が国が世界有数のスタートアップの集積地になることを目指すとしている。

日本におけるスタートアップ支援強化で最も重要となるのが、多様なリスクマネーの供給である。5か年計画を推進する3本柱の1つとして「スタートアップのための資金供給の強化と出口戦略の多様化」に取り組むこととし、公的出資を含めたリスクマネーの供給強化をはじめ、28施策が掲げられた。

これを受け**金融庁**では、資金提供・調達の充実がスタートアップ支援における喫緊の課題であるとし、保証や不動産担保に依存しない融資への見直しを進めている。

こうした期待に対し、全国銀行協会は、2023年1月に融資判断や保証・担保、金利などにおいて配慮するなどの「スタートアップ支援に関する申し合わせ」を公表するなど、業界が一体となって支援する姿勢を見せている。

とはいえ、これまでの金融機関は、スタートアップに対して不動産担保や個人保証なしに融資を行うことに消極的であった。むしろ優良先を巡って貸出金利の競争を行うことが常態化しているという指摘もある。

金融機関によるスタートアップ支援は、リスクマネーの供給にとどまらず、本来は人材マッチングや販路拡大、グローバル展開、新たなビジネス機会の創出など取引先企業の経営支援も含まれる必要がある。今後はスタートアップの事業性や成長性に関する目利き力やコンサルティング機能などを一層強化することで、付加価値を創出して価格競争によらない収益を獲得する姿勢が期待される。

地域の人手不足と「2024年問題」

「2024年問題」とは、働き方改革関連法に基づく長時間労働の上限規制により、2024年4月以降物流・運送や建設、医療などの業界が影響を受ける問題の総称。地域を支える中小・零細企業への人手不足の影響が特に危惧されている。

長時間労働は、健康の確保や仕事と家庭生活の両立を困難にし、女性のキャリア形成や男性の育児参加を阻み少子化の原因となっている。長時間労働を是正することは、ワーク・ライフ・バランスの改善や、女性や高齢者の労働参加率の向上に結びつき、日本が直面する「少子高齢化に伴う生産年齢人口の減少」等の課題に対応するための環境づくりにつながるだろう。

このため労働基準法が改正され、2019年4月に時間外労働の上限が法律に規定された。5年の猶予を経て、2024年4月1日からは物流・運送や建設、医療などの業界にも時間外労働に対する規制が罰則付きで適用される。

例えば、物流・運送業界では年間の時間外労働の上限が960時間に制限され、月60時間を超える時間外労働に対する割増賃金率が50％に引き上げられる。

しかし、2024年適用対象の業界がこれまでの質・量のサービス提供を維持できた背景には、就業者の減少や高齢化による深刻な人手不足を補うだけの長時間労働の存在がある。2021年時点で物流・運送業や建設業では、全業界平均と比べて労働時間は約2割長く平均年齢も高い。医療業界では、2024年に団塊世代が全員75歳以上を迎え需要が急増するとともに、ワーク・ライフ・バランスを重視して診療科を選択する若手医師の急増等により、特に外科等命にかかわる状況に対処する医療の供給能力の急速な先細りが予見される。

このように既に人手不足が進むなか、今回の長時間労働規制が加わることで当該業界のサービス提供維持がますます困難となる可能性がある。物流・運送業界ではトラックドライバーの不足や人件費の高騰によって物流の滞りや配送料金が高騰すること、建設業界では技術者の稼働量減少によって建物やインフラの新設・維持が難しくなること、医療業界では外科医等の時間外診療の制限によって救急患者を受け入れる病院数の激減や手術の待ち時間が長くなることなどが危惧されている。

今回の規制で生じる問題に対し相対的に規模の大きい企業や病院は、処遇改善による人材の確保・アウトソーシング・工程やオペレーションの見直し・DXによる業務効率化等の対策を急いでいる。

一方で地方に多い下請け・孫請けの中小・零細などの企業や病院の多くは、経営体力が乏しく対応が容易ではない。例えば、業務効率化のためのITツールの導入や社員を増やすための求人サイトへの掲載・給料アップには多くの資金が必要となる。仮に増員できてもそれに見合った仕事量を安定的に獲得できるかは不透明であり、また親会社に対して受注単価の値上げを交渉することも容易ではない。また医療においては、資源が圧倒的に足りていない地域では、集約しても医師不足は解消しきれず、地域医療崩壊を招くおそれがある。

今回の長時間労働の規制によって就業者の処遇改善や生産性向上などが期待される一方で、人手不足によって起こり得る問題の深刻化を食い止めるには、当該業界の従事者の努力だけにとどまらず発注者側企業や一般消費者等の理解と協力が求められる。

増加する外国人と金融包摂

日本に住む外国人は2022年末に307万人と過去最高を更新し、今後も増加が予想されるが、言語の壁などにより口座開設や融資などの金融を利用できないという問題がある。外国人の金融包摂を進めることが期待される。

◆在留外国人の増加

日本に住む外国人は大きく増加し、2022年末に307万人と過去最高を更新した（対前年増加率11.4%）。外国人労働者も2022年10月には約182万人と過去最高を記録した。今後も深刻な労働力不足に伴い、外国人労働者のさらなる増加が予想される。

◆外国人の金融排除問題

金融排除は、サービスの利用条件（金利・立地など）が悪い、条件が合わない、情報や知識がないなどの要因で、適切な金融サービスを利用できないという問題である。その人のニーズに合った金融サービスの提供が金融包摂だ。

外国人が直面する金融排除の原因は、言語の壁、金融サービスの知識欠如、価値観の相違、身分上の制約、金融機関側の偏見など多様だ。例えば日本語が分からないために、口座開設やATMの操作、借り入れなどの手続きができないといった支障がある。金融機関が多言語で表記したり、通訳・翻訳機能を備えたりする対策が求められるが、そのための追加費用を要する。

銀行口座開設や海外送金においては、**マネーロンダリング**・テロ対策の強化により、金融機関は慎重に本人確認することを迫られている。本人確認のために多くの証明書類の提出を求め、審査に長時間かけるため、外国人顧客の不満を呼んでいる。

融資を巡っては帰国リスクやスーパーホワイト問題がある。融資の完済前に帰国するおそれがあるとして、外国人の中でも永住者にしか融資しないといった銀行が多い。スーパーホワイトとは個人信用情報の履歴が空白の人を指す。日本国内での金融取引の履歴がまだない外国人の場合、与信審査が難しい。

在留外国人は国内人口の2.46%(2022年末)に過ぎず、"ニッチ市場"のために金融機関は追加コストを進んで負担しづらいため、放置される傾向にあるようだ。とはいえ、外国人は今後も増加が予想され、また外国人の定住志向が強まっていると指摘されるなか、外国人の金融包摂方策を進める必要は明らかだろう。

◆金融包摂の政策と対応

政府は特定技能の在留資格を新設するにあたって初めて、生活者としての外国人を日本社会に受け入れる総合的な施策を打ち出した。「外国人材の受入れ・共生のための総合的対応策」(2018年)の中に、口座開設支援も盛り込まれた。2023年4月には労働基準法改正により、スマホ決済アプリや電子マネーによる給与支払が解禁されたことから、口座を持ちにくい外国人労働者に給与を支払うのが便利になると期待されたが、結局は口座保有が必要となったため、効果は限定的だろう。

主に2010年代以降の動きとして、多言語に対応する銀行や、永住者以外の外国人に各種のローンを提供する銀行が徐々に登場した。また、2010年の資金決済法施行により、100万円以下の少額を安い手数料で海外送金できる資金移動業者が参入したが、2021年の法改正により、第1種資金移動業については1件あたり送金額上限が撤廃された。

今後、外国人にとって利用しやすい金融サービスが一層増えることが期待される。

I DX・フィンテック

改正資金決済法でステーブルコインの発行・流通が可能に。北国銀行は、石川県珠洲市が発行するポイントと連携するデジタル地域通貨を発行した（写真は、2023年4月に会見する北国銀行の杖村修司頭取）

デジタル人材の育成促進へ金融界でも「ITパスポート」資格保有者が増えている。
写真は、ITパスポート資格の試験事務を担うIPA（情報処理推進機構）の齊藤裕理事長

アジャイル開発

ソフトウェア開発手法の1つ。多数かつ小規模に分割された機能の単位で開発工程を追加的にくり返すことにより、柔軟かつ迅速な開発を可能とする。

従来のソフトウェア開発において、あらかじめ定めた計画に基づき要件定義からリリースまでを順次実施するウォーターフォール開発が主流であった。

これに対し、2000年代に誕生したアジャイル開発は、多数かつ小規模に分割した機能の単位ごとに開発と確認をくり返す「イテレーション（反復）」というサイクルを全開発工程で行うことで、担当チーム単位で開発を進められるのが特徴である。

アジャイル開発のメリットは、個別機能の開発が独立して完結するため、仕様変更が発生した場合の開発工程全体への影響がウォーターフォール開発と比して小さく、開発期間の短縮が期待できる。また、ユーザーからのフィードバックを受けつつ柔軟に仕様を変更できるため、ニーズに沿った開発が可能である。

一方、計画段階で基本的な機能・仕様や詳細な計画が決定していないため、開発段階で設計思想がずれてしまうことや、進捗管理が難しいなどのデメリットがある。

このようなメリット、デメリットを踏まえ、プロジェクトの特性に応じた開発手法の選択が重要である。

近年、東京都庁において、構造改革のキーワードとしてアジャイル開発が取り上げられており、「シン・トセイ職員専用ポータルサイト」の改修や「通学区域デジタルマップ化プロジェクト」等で活用されている。

アンバンドリング

銀行を代表とする金融機関が一括して提供してきた金融機能を、個別に分離すること。分離した機能を他のサービスと再結合するリバンドリングとともに用いられる考え方である。

アンバンドリングは様々な分野で用いられる考え方だが、ここでは金融機能のアンバンドリングについて説明する。

金融機関は「金融仲介機能」「信用創造機能」「決済機能」といった機能を有し、銀行は預金、融資、為替等の金融サービスを提供してきた。

従来、金融機関が一括して提供してきた金融機能をアンバンドリングすることで、個々の機能に特化した金融サービスの提供を可能とする。電子決済等代行業者によるQRコード決済など、一般的となったサービスも複数存在する。

アンバンドリングは、フィンテックを活用したサービス開発のベースとなる考え方として浸透している。

また、アンバンドリングに加え、金融サービスと非金融サービスを結びつけてサービスを再構築する、リバンドリングが注目されている。

近時では、**エンベデッドファイナンス、組込型金融**などとも訳される取り組みが始まっている。

非金融事業者が金融事業を既存事業に組み込んで金融サービスも提供する動きであり、この形で金融機能のリバンドルが進むと考えられる。

一方、銀行側でも一部の銀行がBaaS事業として、小売り、空運などの非金融事業者に金融機能の提供を始めている。

アンバンドリングとリバンドリングの流れが加速することによって、顧客本位にもとづくサービスの創出が加速するものと考えられる。

インシュアテック

インシュアテック（Insure Tech）は、保険（Insurance）とテクノロジー（Technology）を組み合わせた造語で、保険分野のフィンテックを指す。

インシュアテックは、テクノロジーを活用して新たな保険商品を開発したり、募集や審査などの業務プロセスを改善したりする取り組みを指す。

具体例としては、自動車保険分野でのテレマティクス保険がある。この保険は、自動車内に専用機器を設置し、運転速度や急ブレーキの頻度などのデータを収集し、事故発生確率を予測して保険料が算定される。米国ではテスラが自社EV保有者向けに、割安なテレマティクス保険を提供し、契約を伸ばしている。

スマートフォンのアプリを活用して被保険者の健康増進活動への取り組み状況を収集し、保険料をキャッシュバックする健康増進型保険も登場している。これらの保険商品は、ITを活用して従来よりもきめ細かくリスクを分析して、保険料に反映させている。

最近、商品・サービスの購買に金融機能を組み込む**エンベデッドファイナンス**が拡大している。このタイプの保険はエンベデッドインシュアランス（組み込み型保険）と呼ばれる。保険がサービスなどの購入手続きにシームレスに組み込まれており、通常の契約加入に必要な氏名や住所の入力手続きは大幅に軽減されている。具体的には、旅行予約時の宿泊キャンセル保険、自転車ライドシェアサービスの利用時の自転車保険などがある。現在、組み込み型保険は保険料が少額のタイプが主流であるが、今後、対象が拡大する可能性がある。

インターオペラビリティ

インターオペラビリティ（Interoperability）とは、異なるシステムやプラットフォーム間で、効果的にデータのやり取りを行う（相互運用性）場合に使用される用語。

インターオペラビリティは暗号資産の分野でひときわ注目されるようになっている。暗号資産は数千種類以上存在しているが、それぞれには互換性がない。ビットコインのウォレットA（暗号資産の口座）からビットコインのウォレットBには手軽に送金できるが、イーサリアムのウォレットにビットコインは送金できない。ビットコインをイーサリアムに送金するには、「ビットコインを取引所で売却」、「売却した資金でイーサリアムを購入」しなくてはいけない。

暗号資産にインターオペラビリティが生まれれば、こうした手間は省略することができる。取引所を経由せず、異なる仮想通貨の送金が可能になるため、取引の利便性は格段に向上する。暗号資産を一般普及させるには、インターオペラビリティは必須となる。

現在、インターオペラビリティの実現に向けた取り組みは急テンポで進められている。ポルカドット（Polkadot）は、異なるブロックチェーンの相互運用を目指すプロジェクトで、独自の技術でポルカドットと他のブロックチェーンの相互運用を可能にしている。Datachain（東京・港）はNTTデータと連携し、デジタル通貨Ethereumとデジタル資産Hyperledger Fabricのインターオペラビリティを成功させるなど、日本でも取り組みが進められている。2024年も一段の拡大が見込まれる。

エンベデッドファイナンス

「組込型金融」や「埋込型金融」と訳され、非金融事業者が、APIを活用して既存の自社サービスに金融サービスを組み込んで提供すること。CX(顧客体験)の向上につながる。

エンベデッドファイナンスには、決済、貸し付け、保険、投資などの領域がある。

例えば決済シーンでは、ECサイトにおいて商品を購入する際に、ウェブサイトに支払いプログラムが組み込まれ、顧客がストレスなく支払いを処理できる仕組みなどを挙げることができる。

この仕組みにより、顧客は快適な買い物ができ、また事業者は売り上げアップにつながるメリットがある。

エンベデッドファイナンスにおいては、3つの主要プレイヤーが存在する。

①顧客接点を持つ非金融企業である「Brand」②金融サービス関連の免許を保有し金融機能を提供する銀行、証券会社などの「License Holder(LH)」③BaaSなどのAPIを通じてLHとBrandを仲介する「Enabler」である。

エンベデッドファイナンスにおいて、非金融企業であるBrandは、LHやEnablerと協業して、迅速に金融サービスを提供できる。

日本においては、2021年11月に施行された金融サービスの提供に関する法律によって、「**金融サービス仲介業**」が創設された。

これにより非金融事業者は、金融サービス仲介業への登録のみで多様な金融サービスをワンストップで提供することが可能となった。

この法整備も相まって、今後は、さらなるエンベデッドファイナンスの普及が期待されている。

クラウド活用

企業が顧客向けサービス提供や社内業務において、データやアプリケーション等のコンピューター資源をネットワーク経由で利用する仕組み（クラウド）を活用すること。

クラウドサービスは、IaaS(コンピューター等のハードウェアのインフラ機能を提供)、PaaS(OS等のプラットフォーム一式を提供)、SaaS（パッケージ製品として提供されていたアプリケーションを提供)の3種類に分類される。また、その利用形態によって、パブリッククラウドと、プライベートクラウドの2つに大別される。

クラウド活用のメリットには、①システム構築の迅速さ・容量拡張の容易さ ②初期及び運用費用の低さ ③メンテナンス性の高さ等がある。他方、デメリットとして、①セキュリティー上のリスク ②自社の実態に即したカスタマイズ性の低さ等が挙げられる。

クラウド活用にあたっては、パブリッククラウド、プライベートクラウドを併用する「ハイブリッドクラウド」や、複数のクラウドサービスを利用する「マルチクラウド」を、用途や目的に応じて導入することが重要。金融分野では従来のオンプレミスで構築したシステムに替わり、コスト削減などのためクラウドの活用が増えており、一部では基幹システムをクラウド型の新システムに置き換える動きもみられる。金融機関がクラウドを安全に活用していくためには、経営層を含むクラウド活用、リスク管理に係る認識の向上及びクラウドベンダーと金融機関の責任分界点を明確化するとともに、セキュリティー管理、可用性管理・レジリエンス、委託先管理といった対策を講じることが重要である。

サイバーセキュリティー

電子的・磁気的方式などで記録され、送受信される情報の漏えいや毀損などを防止する安全管理の措置。システムや通信ネットワークの安全性や信頼性を確保する措置も含む。

近年、金融機関をターゲットとしたサイバー攻撃は多様化している。具体的にはランサムウェア（身代金要求型ウイルス）やマルウェアによる情報の漏えい、DDoS攻撃によるシステム停止などが挙げられる。ランサムウェア等に関しては犯罪の分業化が進展しているとされ、犯罪手口は随時変化し、高度化している。

サイバー犯罪に対する金融機関のセキュリティー対策としては、①不審メール対応の訓練や犯罪情報の周知等のリスク低減措置の実施 ②攻撃を受けインシデントが生じた場合に早期検知できる仕組みの導入 ③インシデント発生後に適切な対応できる体制の整備 ④サイバー攻撃の脅威の情報の金融業界内での共有化 ⑤TLPT（脅威ベースのペネトレーションテスト）の活用、などがある。

以上のサイバーセキュリティー対策のうち、金融業界内での情報共有に関しては、金融業界が共同で2014年に設立した**金融ISAC**が中核的な役割を担っている。

金融業態別のサイバーセキュリティー対策の動向をみると、大手行は**デジタル人材の育成**・確保や経営層にサイバーセキュリティーに詳しい人物を配置するなど、人材面の対応が進んでいる。一方、地域金融機関は人材面の対応が相対的に遅れている。**金融庁**や**日本銀行**は地域金融機関に対し、研修などによりデジタル人材の育成を強化するよう促している。

ステーブルコインの発行・流通

ステーブルコインとは、ブロックチェーン技術を利用し、法定通貨等を裏付けとして発行される電子決済手段。日本では2023年6月施行の改正資金決済法により発行可能となった。

米国投資会社Bernsteinは2023年8月に公表したレポートで、「ステーブルコイン市場は現在の1,250億ドルから、今後5年間で2.8兆ドルに成長する」と予想した。市場の急拡大を受け、世界初のステーブルコインとされる米国USDT（Tether）の時価総額は、800億ドルを超えた。

国内でもステーブルコイン活用に向けた動きの活発化を受け、2023年6月に改正資金決済法（以下、改正法）が施行され、ステーブルコインの制度整備が行われた。

ステーブルコインは、「デジタルマネー類似型」（以下、類似型）と「暗号資産型」の2種類に大別される。改正法では前者の「類似型」が対象とされ、電子決済手段（送金・決済の手段）として位置付けられた。「類似型」は、1コイン＝1円など法定通貨の価値と連動した価格で発行され、発行価格と同額で償還を約するものとされた。

ステーブルコインに関する法整備を受け、三菱UFJ信託銀行が中心となってステーブルコイン発行管理基盤「プログマコイン」の構築が発表されるなど、実用化に向けた取り組みが動き出した。

ステーブルコインによる決済手数料は、他の決済に比べ大幅に低くなると想定されている。こうしたことから、将来的には1,000兆円規模といわれる国内の企業間取引の一部がステーブルコインで代替されるのでは、という見方も出てきている。

データガバナンス

データカバナンスは、組織が保有するデータを効率的かつ安全に活用するために管理体制やルールなどを定め、監視や評価、サポートなどを実施する取り組みである。

情報通信技術革新の進展により、企業によるデータを活用した価値創造の動きが活発化している。銀行業界では、以前から与信審査の分野でITによる財務諸表データを活用した分析を導入してきた。近年、顧客企業の気候関連リスクの評価や効果的な広告の運用など、データを活用する分野が拡大している。

データ分析を効果的に実施するためには、質量ともに充実したデータの収集に加え、データの運用にかかわるインフラ整備が必要である。そのためには、**デジタル人材の育成**に加え、データガバナンスの構築や高度化が必要となっている。

類似した概念としてITガバナンスがある。ITガバナンスとは、ITシステムと経営戦略を連携させ、企業価値を創出する仕組みを指す言葉である。システムとデータは一体的に運用されるが、データはシステムに比べ管理面で軽視される傾向があった。近年、データそのものの運用のあり方の重要性が高まったことに伴い、データガバナンスが注目されるようになった。

2019年以降、**金融庁**はITガバナンスに関する調査結果レポートと事例集を公表し、検査時にITマネジメントをモニタリングしている。**DX（デジタルトランスフォーメーション）**や新たな共同システムの開発が進められるなかで、金融業界はデータカバナンスやITガバナンスを強化することが求められている。

データサイエンティスト

数理統計、ITスキル、ビジネス分析の素養をあわせ持つ人材の呼称。デジタル化戦略の中核となるスキル人材として期待され、国家戦略の一環として育成が急がれている。

データ分析スキルを活用して問題の構造を解明し、課題の発見、解決の方向を見出し、ビジネス変革の起動的役割を担う人材のこと。

ビッグデータを解析することで新たな価値創造の可能性が増している。国家戦略の成長戦略でも人材育成が重視され、高校や大学などで履修科目となりつつある。昨今では統計数理モデルやAI（人工知能）技術を組み込んだデータ分析ソフトが実用化されて、ビジネス面での知見がより重要となっている。

金融業界のデジタル化戦略においても、その有用性と戦略性が評価され、人材確保と育成が急がれているが、専門人材の数は圧倒的に不足している。人事制度上の位置付けを明確化するなど、人材確保維持も大きな課題である。

データサイエンティストの具体的な役割機能

・統一性のない大量のデータ収集と利用できるフォーマットへの変換
・R、Python、SASなど幅広いプログラム言語によるシステム開発と保守
・分析手法に関する最新動向の把握（機械学習、深層学習、テキスト・マイニングなど）
・統計技法とデータ特性の理解（公的統計、各種調査結果など）
・膨大なデータからパターンを発見し、最終目的実現に寄与する課題と解決方法の特定

データドリブン経営

データドリブン経営は、収集・蓄積したデータを分析して、その結果を経営戦略策定等に生かすもので、経験や勘などの主観を排除し、客観的なデータに基づき意思決定を行う。

◆30％以上の成長も可能に

データドリブン経営とは、文字通りデータをもとにした経営であり、人の経験や勘などの主観的判断を排除し、収集･蓄積したデータを分析し、その結果に基づいて経営戦略の立案などに生かすものである。データドリブン経営自体は従来からある手法だが､AIやクラウドなど近年の技術革新を受けて、活用の幅やレベルが高まっている。

データドリブン経営に取り組むことで、①主観によらない客観的な事実の把握 ②意思決定のモデル化 ③意思決定の迅速化が可能となる、などのメリットがある。

Forrester Research社の調査によれば､「データドリブン経営で得られたインサイトに基づき行動する企業では、世界のGDP成長率が3.5％であるのに対し、年平均30％以上のペースで高成長している」としている。

◆経験や勘を排除

データドリブン経営を進めるには、まずデータの収集・蓄積・管理が必要となる。そのためにはデータウェアハウス（DWH）などのデータ活用基盤を構築する必要がある。

データ活用基盤が整備されたら、次に蓄積されたデータを可視化して分析するツールが必要となる。ここでは、BI（Business Intelligence）ツールなどが使われ、様々な観点での分析をくり返し行いながら、意思決定につながる情報をデータから導き出す。

有益な情報が得られたら、最後にその情報をもとに意思決定を行うことになる。これまでは、経営者の経験や勘が重視されてきたなかで、分析によって得られた、せっかくの情報に主観が入り混じって生かされなくなることのないように留意しなければならない。

代表的事例として、国内ではNTTドコモの取り組みが挙げられる。同社では、データ活用基盤としてSAP HANAを、可視化・分析ツールとしてBIツールのTableauを導入し、「業務プロセスの改善」と「顧客理解の深化による"サービスの創造・進化"」に取り組んでいる。ほかにも、味の素やワークマンなどがデータドリブン経営により業績を拡大している。

国内金融機関におけるデータドリブン経営の事例としては、MCIF（Marketing Customer Information File）を活用したマーケティングなどがある。2000年頃に地銀などを中心に多くの金融機関がMCIFの導入を行ったが、期待した成果は得られなかったといわれている。

「データは宝の山」といわれ、金融機関はMCIFを導入してデータを収集・蓄積すれば何らかの有益な情報が得られると考えた。しかしながら、目的を明確にしないデータの収集・蓄積や分析では、マーケティング戦略に有益な情報はほとんど得られなかったようである。

◆組織整備と人材がカギ

近年は、データ分析においてAIなどの技術革新が進み、データドリブン経営を行うための技術的基盤は大きく進化している。

また、**クラウドの活用**で投資額を抑制することも可能となった。問題はその技術をどのように生かすかであり、活用する組織の整備や人材の育成が成功のカギを握っている。

手形・小切手機能の全面的な電子化

手形・小切手を電子記録債権やインターネットバンキングでの振り込みに移行し、「紙」による決済を減らすことで産業界及び金融界双方の生産性向上やリスク軽減を目指すこと。

手形・小切手機能の電子化は、政府の「未来投資戦略2017」において、企業・金融機関双方の事務負担を削減するとともに、ITを活用した金融サービスとの連携を可能とする観点から「オールジャパンでの電子手形・小切手への移行」が盛り込まれたことを受け、一般社団法人全国銀行協会（以下、全銀協）が事務局を務める「手形・小切手機能の電子化に関する検討会」が設置された。

2018年12月に同検討会が取りまとめた報告書では、検証を通じて、手形・小切手機能の電子化により、利用者・金融機関の双方において事務負担・コスト削減やリスク軽減が期待されることが確認できたことから、「全面的な電子化を視野に入れつつ、(2019年から2023年までの)5年間で全国手形交換枚数(手形・小切手・その他証券の合計)の約6割が電子的な方法に移行することを中間的な目標として設定」した。

2020年度には、政府の成長戦略会議において取りまとめられた「実行計画」(2020年12月公表）において、「産業界及び金融界による『約束手形の利用の廃止に向けた行動計画』の策定を検討し、取組を促進する」旨が明記されたほか、中小企業庁における「約束手形をはじめとする支払条件の改善に向けた検討会報告書」(2021年3月公表)において、産業界及び金融界に対し、それぞれ「約束手形の利用の廃止等に向けた自主行動計画」

を策定すべきとされた。

こうした経緯を踏まえ、産業界・関係官庁と金融界が連携して必要な検討を行うことを目的として、2021年4月に全銀協が事務局を務める「手形・小切手機能の『全面的な電子化』に関する検討会」（以下、「全面的な電子化検討会」）が設置された。

2021年6月に閣議決定された「成長戦略実行計画」において、「本年夏を目途に、産業界及び金融界による自主行動計画の策定を求めることで、5年後の約束手形の利用の廃止に向けた取組を促進する」「小切手の全面的な電子化を図る」などとされたことも踏まえ、2021年7月、「全面的な電子化検討会」において、「2026年度末までに全国手形交換所における手形・小切手の交換枚数をゼロにする」ことを最終目標に掲げた「手形・小切手機能の全面的な電子化に向けた自主行動計画」が策定された。さらに、2023年6月に閣議決定された「新しい資本主義のグランドデザイン及び実行計画」2023改訂版においては、「約束手形・小切手の利用廃止に向けたフォローアップを行う」とされた。

自主行動計画では、取り組み事項として「金融機関の取組強化」「官民の連携強化」が掲げられており、各金融機関は、目標達成に向けて自主行動計画に基づく各種取り組みを進めることとされている。

また、「全面的な電子化検討会」は、その進捗状況をフォローアップするとともに、産業界における自主行動計画（2023年9月現在、24業種58団体が策定）の進捗状況などについて、関係官庁を通じて相互に共有・連携するなど、密接な連携を図ることとされている。

全面的な電子化に向けたこのような取り組みにより、産業界及び金融界双方の業務効率化、生産性向上、コスト削減やリスク軽減に寄与することが期待されている。

デジタル給与払い解禁

デジタル給与払いとは、給与を現金払いや銀行口座振り込みではなく、資金移動業者（○○ペイ等）のアカウントにデジタルマネーで直接送金する仕組みである。

デジタル給与払いとは、銀行口座を経由せずに給与を資金移動業者（○○ペイ等）のアカウントにデジタルマネーで振り込む仕組みである。

我が国において、給与は原則として、労働基準法第24条において定められた「賃金支払の五原則（①通貨で ②直接労働者に ③全額を ④毎月1回以上 ⑤一定の期日を定めて支払わなければならない）」に基づいて支払われなければならなかった。2023年4月1日に労働基準法施行規則が改正されたことにより、使用者が労働者に強制しないことを前提として、資金移動業者のアカウントへの振り込みも認められることとなった。ただし、資金移動業者のアカウントの残高上限は100万円に設定され、超過支払にはアカウントとひも付けた銀行口座が必要となる。

デジタル給与払いの導入にあたってはいくつかのステップを経る必要がある。具体的には、資金移動業者が厚生労働大臣に申請を行い、指定を受ける必要がある。その後、各事業所において労使協定を締結し、個々の労働者への説明の上、同意を得て開始に至る。労働者の同意なしにデジタル払いを強制することはできない。

こうしたデジタル給与払い解禁の背景には種々の要因が考えられるが、キャッシュレス決済比率が増加傾向にあるという社会的背景がまず挙げられる。近年は特にQRコード決済が浸透しており、利用をけん引している。そのため、銀行口座からのチャージを介することなく給与を即座にキャッシュレス決済に用いることができることは労働者に対する利便性の向上をもたらすといえる。また、複数回払いや日払いなど、柔軟な受け取りが可能になる点もメリットとなる。

政府がキャッシュレス決済を推し進める背景には、現金取扱業務に伴うコストに対する問題意識もある。現金の取り扱いには人件費や決済インフラ、輸送費といったコストがかかり、また紛失等のリスクも存在する。キャッシュレス決済へのシフトを促すことで、これらのコストを削減し、社会全体の生産性を向上することが目指されている。また、今後も増加が見込まれる外国人労働者には日本国内の銀行口座を持たない層も多いため、給与受取の多様化は雇用促進の一助になるとも考えられる。

デジタル給与払いの解禁は、金融機関、特に銀行への影響が懸念される。銀行のリテールビジネスは、預金者の日々の振り込みや引き出し、引き落しによる手数料や、住宅ローン等の金利、投資商品の販売手数料などを主な収益源としている。このビジネスモデルにおいては、日常的に利用する口座に選ばれ、預金者のお金の流れのハブになることが重要である。そのため、給与口座に指定されることは大きな意味を持つ。

労働基準法施行規則の改正以降、主要資金移動業者が次々に参入の検討を表明している。デジタル給与払いが本格的に始動した際は、給与口座の獲得を巡る競合の激化が想定される。銀行側にとっては、消費者から給与口座として選ばれ続けるために、資金移動業者とは異なる便益を訴求するようなサービスを検討・実施していくことが必要となってくる。

デジタル人材の育成・確保

デジタル人材とは、デジタル技術分野の基礎的素養を持つ人材やDXを推進する能力を持つ人材。金融機関はリスキリングや新卒・中途採用による人材確保を強化している。

◆デジタル人材の分類

デジタル人材はデジタル分野について知識や運用力を持つ人材の総称である。知識や運用力は大まかに基礎的なものと専門的なものに分類することができる（以下の分類は、経済産業省「令和3年度我が国におけるデータ駆動型社会に係る基盤整備」の記述を参考にした）。

デジタルリテラシー人材とは、デジタル分野の基礎的な素養を持つ人材である。具体的には、コンピューターの運用や**サイバーセキュリティー、DX（デジタルトランスフォーメーション）**にかかわる基礎的知識を持つ人材である。デジタルリテラシー人材としての能力を検証する代表的な資格としては、**ITパスポート**がある。

DX推進人材は、デジタル分野の専門能力を持つ人材である。専門家として特定分野の業務を担当し、DXの担い手となる人材である。代表的な専門分野として、以下が挙げられる。

①ビジネスアーキテクト

大局的にDXを設計する人材。具体的には、現行のビジネス現場の課題を抽出し、デジタル技術を活用して新たな業務の流れを創出する人材。

②**データサイエンティスト**

統計やAIを活用してビッグデータから新たな知見を引き出し、価値を創出する人材。

③サイバーセキュリティースペシャリスト

サイバー攻撃に対する防御の専門家。

④UI/UXデザイナー

顧客との接点となるアプリやWebサイトのデザインの専門家。

◆リスキリングでの人材育成

デジタル人材を確保する方法としては、既存人材をリスキリングするものと、新たに専門分野の人材を確保するものがある。現在、金融機関はリスキリングによるデジタル人材の育成を強化している。具体的には、①社内の集合研修 ②IT企業や各種団体への研修派遣 ③資格取得の推進、などがある。資格に関しては、ITパスポート取得者の増加目標を掲げる金融機関が多い。

◆デジタル人材採用の強化

メガバンクは2024年度入行の新卒採用を8年ぶりに拡大する予定である。採用増は、デジタル分野を専攻の学生が中心となる。一部の銀行は、採用された学生のキャリアパスの意向を尊重した専門のコースを用意している。

◆規制緩和により拡大するデジタル人材の活躍の場

従来、銀行内のシステム関連の担当者は、収益を生まないコストセンターとして位置付けられることが多かったと考えられる。しかしながら、銀行がコンサル業務を手掛けるなかで、DX支援も業務の対象となり、デジタル人材が直接的に収益に寄与する機会が増えている。

2021年の改正銀行法により、銀行本体によるシステムの販売やデータ分析、広告・マーケティングなどの業務が可能となった。また、規制緩和により、銀行本体がシステムやアプリを販売したり、取引先から委託を受けて様々なデータ分析を手がけることが可能になった。今後はデジタル人材がプロフィットセンターの担い手として位置付けられ、活躍する機会が拡大していくことが予想される。

デジタルバンク、DX

デジタルバンクとは、最新のデジタル技術を用いて、これまでにない銀行サービスを提供する銀行。ビジネスモデルの変革を通じて新しい付加価値の提供（DX）を目指す。

2000年前後に設立されたインターネット専業銀行は、従来型の銀行業務・サービスを電子化・ペーパレス化し、インターネット上で提供することで、利便性や効率性を向上させるものが中心だった。

その後、2017年頃からはスマートフォンの普及を背景に、銀行口座からキャッシュレスアプリへのチャージ機能など、これまでの金融サービスの延長線上ではないような革新的なサービスを提供する事例が増加し、それらを「デジタルバンク」と呼ぶようになった。既存業務の効率化にとどまらず、ビジネスモデルそのものの変革を通じて顧客に新たな価値を提供する点で、デジタルバンクは**DX（デジタルトランスフォーメーション）**と位置付けられる。

デジタルバンクは、銀行免許を取得して金融サービスを提供する「**チャレンジャーバンク**」、銀行免許を取得せずに提携した既存銀行のプラットフォーム上で金融サービスを提供する「**ネオバンク**」、API（アプリなど）を利用することで非金融事業者でも自社プラットフォーム上で金融サービスを提供できる「**BaaS（Banking as a Service）**」の3つに大別される。

デジタルバンクは欧米を中心とする海外勢が先行する。ドイツのネオバンク「N26」（2013年設立）は、EUの居住者であれば、スマートフォン上で、パスポート、携帯電話番号、住所登録によるオンラインID認証で簡単に口座開設が行える。

米国のネオバンク最大手「Chime（チャイム）」(2013年設立）は、コロナ危機時の対応として「1度目の給付金が口座に振り込まれる前に200ドルを前倒しで使える」サービスを提供、貧困層を中心に支持された。

アジアでは中国のアント・フィナンシャルが出資するチャレンジャーバンク「網商銀行(MYbank)」は、アリペイ・アプリで領収書(インボイス)を読み取り、自社の納税履歴などの情報提供に同意するだけで借り入れ可能な融資サービスを展開している。

こうした環境下において、日本でも楽天やSBI、PayPayといったIT大手が母体となる銀行が顧客数を伸ばす一方、既存金融機関側もデジタルバンクに向けた新たな取り組みを強化している。

ふくおかフィナンシャルグループが2021年に開設した「みんなの銀行」は、スマホアプリで24時間365日、サービスの利用が可能となる。2023年度内開業予定の池田泉州ホールディングスの「01Bank(ゼロワンバンク）設立準備会社(仮)」は、法人向け事業性融資に特化したサービスを行う。三井住友フィナンシャルグループは、2023年に米国で「ジーニアス・バンク」を立ち上げ、個人向けローンを開始している。

これまで自社で顧客を拡大してきた住信SBIネット銀行やGMOあおぞらネット銀行は、APIを公開し、銀行基盤をBaaSとして提供することで、ネオバンク事業に参入する異業種とのオープンイノベーションを推進している。

便利で多様な金融サービスの提供を目指すデジタルバンクは、今後も勢力を拡大していくと予想される。利用者がさらに増加することで、収益面も黒字化に持って行けるかどうかが今後の焦点となるだろう。

デジタル社債

デジタル社債はデジタル証券の一種で、分散型台帳技術を活用した社債。投資額を小口化しやすく、ポイントなど金銭以外の利払いが可能。個人向け商品としても注目されている。

デジタル社債は有価証券に表示される権利をブロックチェーン（分散型台帳）などの上で生成されるトークン（証票）として表示される。紙の券面をデジタルデータに置き換えた電子化とは異なる。

デジタル社債は2020年5月の改正**金融商品取引法**の施行を受けて発行可能となった。SBI証券は2021年4月に同証券に口座を保有する個人投資家向けに1億円を発行、2時間ほどで完売した。2022年6月には丸井グループが同社のエポスカード会員向けに1.2億円を発行、募集額の約20倍の申し込みがあった。

デジタル社債の特徴は小口化による手軽さにある。一般的な社債の販売価格は1口100万円など大口となるが、有価証券の権利をトークン化したデジタル社債は販売単位を自由に設定でき、1口100円の発行も原理的に可能となる。

もう1つの特徴は証券に付加価値を付けやすい点にある。丸井グループのデジタル社債では、社債利息の一部について、金銭の支払いに代えて同社のポイントを付与できる仕組みとなっている。2023年2月にカゴメが発行したデジタル社債では、社債購入者に同社の商品を贈呈して付加価値を付けている。

今後の課題は流通性の確保にある。デジタル社債は現在のところセカンダリーマーケットが存在せず、既発行の取引は証券会社との店頭取引に限られる。投資家拡大には、取引市場の創設が求められる。

ネオバンク・チャレンジャーバンク

ネオバンクは、銀行免許を持たず、既存銀行との提携を通じて金融サービスを提供する。チャレンジャーバンクは、銀行免許を取得し、アプリなどで金融サービスを提供する。

ネオバンクは、自らは銀行免許を持たず、既存銀行のプラットフォーム上に独自のインターフェースを構築し、金融サービスを主にスマートフォンで提供する企業を指す。代表的なネオバンクは、米国のChime、Aspiration、Current、Varoなどがある。2023年4月、米国アップルが開始した普通預金口座サービスもネオバンクの仕組みを利用したものだ。

一方、チャレンジャーバンクは、自ら銀行免許を取得し、スマホなどで金融サービスを提供する企業を指す。銀行から完全に独立した事業展開が可能である。代表的なチャレンジャーバンクは、英国のMonzoやAtom、ドイツのN26などがある。

ネオバンク、チャレンジャーバンクともに、無料や安価な利用コスト、高い預金金利、スマホ上で完結する利便性により、顧客数が増加している。店舗が無く人件費が抑制できる点は強みだが、収入は、クレジットカード関連手数料、当座貸越利息、為替手数料などで、収益化が課題である。

日本においても、日本航空や高島屋、ヤマダデンキ、京王電鉄など異業種によるネオバンクが広がってきている。そして、金融インフラを提供しているのが、住信SBIネット銀行をはじめ、楽天銀行やGMOあおぞら銀行などである。**BaaS**として、銀行が持つ決済・預金・融資などの金融サービスを、APIを介して、非金融事業者に提供している。

バーチャルカード

物理的カードが発行されず、ネット決済に使用可能な決済サービス。基本的に前払い方式が多く、利用者には無審査で即時に利用を開始できるメリットがある。

スマートフォンなどのアプリ上に通常のクレジットカードのカード番号やセキュリティコードに相当する仮想的な番号が表示され、これらを利用することによりオンライン決済に使用できるサービスがバーチャルカードである。

ユーザーに物理的カードを配布する必要がなく、基本的に前払い（プリペイド）方式であるためクレジットカード発行時の与信審査も不要である。このため、バーチャルカードは即時発行が可能である。

番号や有効期限などは一時的であるため、仮に番号などの情報が流出した場合でも被害は最小限にとどめられる可能性が高い。

前払い方式が原則であるが、一部のバーチャルカードはクレジットカードと連携することにより、後払いが可能となっている。

バーチャルカードのデメリットとしては、物理的カードを前提としたリアル店舗では使用できない場合が多いことが挙げられる。ただし、アプリ等の機能により、実店舗でもバーチャルカードが利用できる場合もある。

米国では、従業員の経費の支払いを合理化する手段として、即時発行が可能な法人用バーチャルカードを利用する企業が増えている模様である。日本でも一部の金融機関が法人向けのバーチャルカードの取り扱いを始めており、今後は法人分野でも普及が進むことが予想される。

フリクションレス決済

フリクションレス決済は、処理途中に障害がなく、良好な顧客体験をもたらすような決済サービスである。狭義では、埋込型金融による決済サービスを指すことが多い。

フリクションとは、利用者が使用を途中で止めたくなる顧客体験上の障害を指す。フリクションレスとは、プロセスの途中でそうした障害がなく、良好な体験が得られ、長期的関係性の構築につながるような状態を指す概念である。

一般的に、新ビジネスは旧来のビジネスの面倒な部分を軽減ないし解消するものであることが多い。例えば銀行窓口での出金の場合、伝票の記入や窓口の順番待ち時間、受付後に現金が用意されるまでの待ち時間など、顧客にとって様々なフリクションを伴っていた。ATMは、フリクションレスで預金を出金するサービスを実現したといえよう。

クレジットカードやデビットカード、スマホのアプリを利用したコード決済等はこれまでの現金決済の不便さをなくすフリクションレス決済である。

決済分野の**エンベデッドファイナンス（埋込型金融）**もフリクションレス決済を実現している。具体例としては、車の手配から決済までを一体化したオンライン配車サービスが挙げられる。

2020年9月に、米アマゾンは手のひらによる生体認証決済システムAmazon Oneの導入を開始した。2023年中に傘下の米国内スーパー500店以上でAmazon Oneが利用可能となる予定である。カードやスマホを持参する手間がなくなるので、アマゾンが提供する生体認証決済は、フリクションレス決済であるといえよう。

メタバースと金融

メタバースとは、インターネット上の仮想空間。アバター（自分の分身）で参加し、他者とコミュニケーションする。金融機関も商品案内や金融教育を目的に出展例が登場。

◆メタバースの概要

メタバース（仮想空間）は従来、自身がアバターになって仮想空間で他のゲーマーと戦う、といったエンターテインメント分野で進化した。メタバースと同種のサービスは、2007年に流行した「セカンドライフ」など、2000年代から提供されている。

2021年以降メタバースが注目された背景には、①コロナ禍で新たな生活様式が日常化し、物理空間により近づけたオンライン交流の需要が増した②VR（Virtual Reality.仮想現実）技術の進化や、スマートフォンや高速通信網が普及した、などの環境変化がある。

SNSやWeb会議システムは、1対1や1対多の対話・対面が中心で、用途もアプリケーションごとに限られる。一方、メタバースは「空間」を持ち、空間内での活動の自由度が高い。アバターの位置関係や動作が一目瞭然になることで、参加者の存在感が格段に増し、コミュニケーションの質を物理世界に一層近づけることができる。

◆普及の現状と展望

BtoCの分野では、ゲームや集会・催事といった用途が先行する。教育分野での利用も始まっている。一方、メタバースの経験者は、まだ多くない。生活必需な存在まで普及するには5G（第5世代移動通信システム）など高速大容量、多数同時接続が可能な通信環境や高性能デバイスも求められる。その体制が整うのは

2025年以降になるだろう。

BtoBの分野では、現実世界の情報を用いてメタバース上に再現するデジタルツイン技術を活用して、分析やシミュレーションを行うことが進む。製品の試作や従業員教育などに活用できる。現実世界で実現困難なことを模擬できることが仮想空間の利点であり、このような用途から普及する可能性は高いと考えられる。

◆金融機関での活用方法

2022年初頭にJPモルガンチェースやHSBCがメタバースにラウンジ等を開設した。邦銀では島根銀行が2022年5月に、地元商工会議所が開設したバーチャル空間内の商店街にブースを出展した。

金融機関がメタバース内に店舗を構え、金融商品の勧誘・販売などを行うには、規制上の制約をクリアする必要がある。一方、自社PRのための広報ラウンジの設置は広がるだろう。そのほか、デジタルネイティブ世代向けの金融教育イベントを開催することなどは検討に値する。

◆金融ビジネスに与える影響

メタバース内の決済サービスを金融機関が担うことが考えられる。ただし、これは従来のインターネットバンキングと基本的には大差ない。メタバースの特徴を生かした金融商品・サービスの提示も考えられる。元来、金融商品・サービスの多くは、物質的なモノではなく、デジタルと相性が良い。例えば、預金量や商品の契約内容などを3Dや動画で顧客に示すといった可能性がある。若年層は、生活・ビジネス時間の多くをネット空間で過ごすことに抵抗が少なく、銀行のリアル店舗の利用経験も少ない。

金融機関は、これらの世代にも選好されるように、仮想空間にも門戸を開くことが求められるだろう。

量子コンピューター

量子力学を応用したコンピューター。従来に比べ処理能力は飛躍的に高い。金融サービスの高度化に資するが、インターネット取引のセキュリティー面で脅威となる懸念もある。

既存のコンピューターは、数値を「0」と「1」の2つに区分し、1つの単位（ビット）として処理している。これに対し、量子コンピューターは「0」と「1」を重ね合わせた状態（量子ビット）を単位として処理する。例えば50ビットの量子コンピューターの場合、2を50乗した個数のデータについて同時に演算を行うことが可能である。従来のコンピューターでは非常に多くの時間がかかっていた問題であっても、量子コンピューターを用いれば短時間で処理することができるようになる。

現在、量子コンピューターは複数の方式のうち極低温下で稼働するタイプの製品が商品化されている。極低温は取り扱いに難があるので、量子コンピューターはまだ開発途上の段階といえる。一部の日本メーカーは、量子コンピューターの環境を疑似的に再現し、処理能力を飛躍的に伸ばせる疑似量子コンピューターの開発に取り組んでいる。

量子コンピューターの活用が期待される金融分野としては、①リスク管理分野のモンテカルロシミュレーション②証券投資のポートフォリオの最適化計算 ③貸出業務における信用リスクの測定、などがある。

一方、現行の公開鍵暗号方式の暗号が量子コンピューターによって解読される可能性があり、金融界では量子コンピューター時代に対応した**サイバーセキュリティー**技術の開発が課題となりつつある。

BaaS

BaaS（Banking as a Service）とは、銀行が提供する機能をクラウドサービスとしてAPIを経由して提供することを指す。銀行APIの開放により、BaaSは普及しつつある。

「○aaS」は、○をクラウドサービスとして、提供することである。ここで、クラウドサービスとは、スマートフォンやPCなどを操作してインターネット経由で別のコンピューターが提供する機能を利用することを指す。

会計アプリや資産管理アプリを使用する場合、銀行口座のデータを照会する必要がある。BaaSを利用すれば、利用者が会計アプリ等を操作することにより、ネット経由で残高情報が取得できるようになる。クラウド会計と提携してAPI（Application Programming Interface）経由で入手したデータを与信判断に活用する銀行ローンも登場している。

なお、銀行等はオープンAPIを実装することが努力義務として課せられている。

BaaSを活用して一般事業者のサービスに金融機能を組み込む**エンベデッドファイナンス（埋込型金融）**も普及し始めている。具体的には、ショッピング時にフィンテック事業者が自動審査により分割後払いを提供する**BNPL（Buy Now Pay Later）**がある。

2023年11月現在、住信SBIネット銀行はJALやヤマダ電機など15社とBaaSで提携し、提携先企業のブランドで各種特典が付与される銀行サービス（**ネオバンク**）を運営している。類似の取り組みをみんなの銀行も実施しており、高セキュリティーのBaaSプラットフォームを開発し外部事業者との提携を展開している。

BNPL(後払い決済サービス)

BNPLは「Buy Now, Pay Later(今買って、後で払う)」の略語。厳しい事前審査がなく欧米中心に利用者が拡大する一方、支払い遅延や競争過多で業績低迷等の問題も顕在化している。

BNPLは主にオンラインショッピングの支払方法として利用されている。BNPL事業者が小売店(加盟店)に立て替え払いをし、ユーザー(消費者)は分割払いで支払いを行う。手続きはスマホで完結し、クレジットカードのような厳しい事前審査を必要としないため、収入が低い若者層を中心に利用が拡大している。

小売店側はBNPL事業者に手数料を支払う必要があるが、クレカや銀行口座を持たない層向けに決済手段を提供することで顧客ベースを広げられるメリットがある。

BNPLサービスを提供するのは、スウェーデンのKlarna、米国のAffirm、オーストラリアのAfter Payといったフィンテック企業である。日本ではPaidyやネットプロテクションズなどが存在するが、欧米比で規模は小さい。

世界的に利用者が拡大する一方、急速な普及に伴うひずみも生じている。審査の緩さと手軽さゆえに、過度な債務負担を負う若者の増加が社会問題となっている。米国では支払いが遅延する消費者は10人に1人に達する。

BNPLサービスを提供する事業者も苦境に立たされている。新規参入による競争過多に加え、急ピッチの利上げによる資金調達コストの増加で業績が悪化している。

米消費者金融保護局(CFPB)などは規制強化への方針を明らかにしており、今後、市場拡大に影響を与える可能性がある。

CBDC

途上国の中央銀行の一部では、CBDCの発行が始まっている。先進国中央銀行で発行を決定した先はまだないが、将来の発行の可能性に向けての技術面等の検討は進んでいる。

中央銀行（以下中銀）が発行するデジタル通貨であるCBDC（Central Bank Digital Currency）のうち、現金と同様に誰でも利用できる一般型CBDCについては、2022年のBIS（国際決済銀行）の調査によると、2030年には、15の中銀が発行している可能性があるという。

2020年以降、既にCBDCの発行を始めたのは、バハマ、カンボジア、東カリブ、ナイジェリアという途上国の中銀のみで、その主たる狙いは金融包摂、すなわち、従来金融サービスを利用できなかった層に、金融サービスへのアクセスを可能にすることである。インドは2023年度中の発行計画を公表済みで、中国のデジタル人民元は、中国各地でパイロット実験を続けている。

一方、日米欧等の先進国の中銀で、CBDCの発行を決定した先はまだないが、将来の発行の可能性に備えて、技術面等の検討は進めている。**ECB**は、2023年11月から2年間の準備フェーズに入った。日銀は、2023年4月からパイロット実験を開始した。

先進国中銀の実際の発行には、CBDCに係わる各種のリスク（**マネーローンダリング**、プライバシー保護、サイバー攻撃など）や、既に民間の各種デジタル決済手段が普及していることなどを勘案した上でも、なおCBDCの発行に大きなメリットがあるのかどうかについて、国民的な合意が得られることが大前提になると思われる。

eKYC

KYC（Know Your Customer）は本人確認を意味する。インターネット等を利用した電子的（electronic）な手法による本人確認がeKYCである。

麻薬組織やテロリスト等の犯罪組織への資金供給を絶つことは国際的な課題となっている。我が国では**犯罪収益移転防止法**により、金融機関等に対し厳正な本人確認や取引記録の保存、疑わしい取引の届け出義務が課されている。

従来の犯収法に基づく本人確認の手続きは、対面や書類の送付を基本としていた。2019年11月に犯収法の施行規則が改正され、eKYCが可能となった。新たに認められた個人顧客向けの本人確認の方法は、①顧客が本人確認書類の画像と本人の写真画像を送信する ②顧客が運転免許証等に内蔵されたIC情報と本人の写真画像を送信する ③マイナンバーカードに記録された署名用電子証明書と電子署名が行われた口座開設等の情報を送信するなどである。

現在、eKYCは銀行・証券口座の開設やQRコード決済の登録などで主として活用されている。最近では、個人ローンの申込時にeKYCを活用する銀行が増加している。eKYCは従来の本人確認に比べ手続き時間が大幅に短縮される。このため、金融機関は手続き途中で取引を逃すリスクを軽減できる。

2023年6月に政府はデジタル社会の実現に向けた重点計画の改定を閣議決定し、非対面の本人確認手法はマイナンバーカードに一本化する方針を決定した。今後、金融機関は政府の方針に従い、必要に応じてeKYCにかかわるシステム改修を行うことになる。

ITパスポート

ITパスポートは、ITに関する基礎知識を有することを証明する国家認定資格。多くの金融機関は、デジタル人材の育成を促進するため、本資格の取得を奨励している。

ITパスポートとは、インフォメーション・テクノロジー・パスポートの略称である。本資格は、ITを活用して業務上の問題を分析し、解決するために必要な基礎的な能力や知識を認定する国家資格であり、IPA（情報処理推進機構）が運営している。

従来、同趣旨の資格試験としては初級システムアドミニストレータ試験（「初級シスアド」）があった。社会の情報化の深化に伴い、2009年に初級シスアドは廃止され、ITパスポートが創設された。

試験は、①ストラテジ（経営戦略）系 ②マネージメント（経営管理）系 ③テクノロジー（科学技術）系の3分野から出題される。試験は全てがコンピューター上で、4択形式により実施されている。試験の出題範囲や内容の詳細を定めたシラバスは、随時改訂されている。

現在、金融機関の職員は自社内の**DX（デジタルトランスフォーメーション）**の担い手となる必要がある。加えて、法人取引先からDX関連の相談を受け、行内や外部の専門家を紹介する機会が増えている。専門分野に詳しい人材が必要とされる一方、IT全般についての基礎知識は金融機関の全従業員が知っておく必要性が高まっている。ITパスポートは基礎的素養を広く網羅した資格であるため、多くの金融機関がITパスポートの資格取得者数について意欲的な増加目標を掲げ、**リスキリング**に取り組んでいる。

GAFAMとデジタル課税

GAFAMとは米国のグーグル、アップル、フェースブック、アマゾン、マイクロソフトの頭文字を並べた略語。最近はビッグ・テック、ビッグ・ファイブとも呼ばれている。

一言でGAFAMといっても、ビジネスモデルは大きく異なる。Googleは高度な検索エンジンを通じて世界中の情報を整理し利用者に分かりやすい形で提供することに強みを発揮しており、その収益の大半はネット広告に依存する。

Facebook（2021年10月に社名をMetaに変更）は、実名制のSNS提供に成功し、全世界のデイリーアクティブ利用者が30億人を超える巨大なネットワークを構成しているが、売り上げの9割以上をSNS上の広告収入が占める。

Appleは、MacやiPadなどのハードウェア・メーカーであり、現在はiPhoneが大きな収益源となっている。

Amazonは、インターネットを通じた電子商取引(EC)の巨人だが、クラウド事業(AWS)が収益を支えている。

Microsoftは、パソコンOSウィンドウズの販売を中心とした事業を展開していたが、クラウド事業「アジュール」の推進やサービスのモバイル化に注力している。

このように、各社のビジネスモデルは大きく異なるが、①従来のビジネスモデルを陳腐化させることによって新たな付加価値を果敢に創り出している ②顧客に極めて利便性の高いサービスを提供することに成功しているという点は共通する。こうしたなかで、各社は金融サービスへの進出を積極的に行っている。例えば、グーグルでは「グーグル・ペイ」を通じてパソコンやスマートフォンからP2P

送金を行えるサービスを提供しているほか、アマゾンも「アマゾン・ゴー」に代表される顧客の購買・支払いがシームレスに行われる利便性の高いサービスを実現している。

アップルも「アップル・ペイ」を提供しているほか、金融機関やカード会社と連携した「アップル・カード」サービスも提供している。フェースブックは金融包摂の推進を狙いとする暗号資産ディエムの発行に向けた取り組みを進めてきたが、2022年1月にプロジェクトは中止されている。

GAFAMは金融サービスを通じて得られる様々な情報を使って、AI、拡張現実（AR）、バーチャル・リアリティ（VR）、さらにはブレイン・マシン・インターフェース（BMI）などへの応用を図りつつある。さらに、中国を代表するプラットフォーム企業「BATH」（百度〈Baidu〉、阿里巴巴集団〈Alibaba Group〉、騰訊〈Tencent〉、華為〈Huawei〉）も金融サービスをてこに飛躍的に発展してきた。中国では、QRコードを使ったモバイル決済サービス（微信支付〈WeChat Pay〉、支付宝〈Alipay〉）が重要な役割を果たしている。これらのサービスを通じて収集されたビッグデータを活用し新たなサービスが矢継ぎ早に展開されてきたが、足もとでは中国政府による規制強化や「デジタル人民元」との互換性の確保が求められるなど、サービスの自由度がやや失われつつあるように窺われる。

さらに、2023年7月には、グローバルにITビジネスを展開する企業から、これらのサービスを利用する国や地域が課税できるようにする「デジタル課税」の枠組みについて合意がみられた。国際的な税収の配分を狙ったものであるが、今後、税収減に見舞われる米国の支持が得られるかが大統領選の行方とも相まって注目される。

NFT

NFT（Non-Fungible Token）とは、一般に代替不可能であり、ブロックチェーンを活用した「偽造・改ざんができないデジタルデータ」のことを指す。

NFTは、優れた改ざん耐性を有するブロックチェーンを活用し、デジタルデータに唯一性を付与することによって、真贋性が担保されることや、取引履歴を追跡できることが大きな特徴である。

その特徴を生かして、NFTはアートやゲーム等のデジタルコンテンツ、スポーツ、ファッション等の分野でも利用が広がっており、それらはNFTプラットフォーム上で売買することができる。

これらのNFT関連市場は、デジタル資産を取引の対象とする新しい市場であるものの、その一方で、暗号資産高騰に伴う投機的な側面も併せ持っており、建設的な発展に向けては課題が多い。

例えば、**マネーロンダリング**で悪用されるリスク、詐欺に利用されるリスクなどが挙げられる。

加えて、NFTそのものにかかる法令または規制が十分に整備されていないことから、法の抜け穴として利用されるリスクが挙げられる。

2023年6月に閣議決定された「新しい資本主義のグランドデザインおよび実行計画2023改訂版」においては、NFTの利用等を含めた「**Web3.0**の推進に向けた環境整備」が盛り込まれている。

このため、今後、**金融庁**や経済産業省、文部科学省をはじめとした各中央府省による、NFTに関する健全な市場の確立に向けた規制整備等が進むとともに、NTFの普及・利用が拡大していくと考えられる。

POSファイナンス

商品やサービスを購入する際に、借り入れ申し込みや審査の手続きを行い、オンライン上で分割・後払いの融資を実行するサービス。POSはポイント・オブ・セール(Point of Sale)の略。

POSファイナンスは、インターネット経済の新たな「融資」のあり方として、米国を中心に顧客が拡大している。米国のPOSファイナンスは直近5年間で年率20%以上に成長し、個人向け無担保融資全体の約1割を占める。2023年の残高は1,820億ドルに達すると予測されている。

POSファイナンス市場をけん引するのは、米Affirm、米PayPal、豪Afterpayといった**BNPL**ソリューションを手がけるフィンテック企業である。PayPalの「Pay in 4」の場合、商品購入時に4分の1を支払い、残る3回を2週間ごとに支払う。利息や開始手数料などは取らない。

POSファイナンス急拡大の背景には、オンライン上の借り入れに抵抗を感じない若年層の存在がある。ミレニアル世代や**Z世代**などのデジタルネイティブ世代では、伝統的金融機関とフィンテック企業に差異を感じない傾向にあるといわれている。

信用情報機関によるサービスの高度化もPOSファイナンスの拡大を後押しする。大手信用情報機関Experianは顧客の個人情報を自動入力するサービスを開発、煩雑だった手続きが大幅に簡素化された。

POSファイナンスによって、本格的に資金が必要な時にアプリ上でカードローンを瞬時に提案することも可能となる。金融機関が提供できるサービスの幅は大きく広がり、新たな収益機会を生むことが期待される。

RPA

Robotic Process Automationの略。従来、人間が対応していたコンピューター上の操作を自動化すること。業務の効率化や経費の削減が可能になる。

日本RPA協会によると、RPAとは、「これまでの人間のみが対応可能と想定されていた作業、もしくはより高度な作業を人間に代わって実施できるルールエンジンやAI、機械学習等を含む認知技術を活用した新しい労働力を創出する仕組み」である。

金融機関では、1つの手続きから複数の単純な事務作業が発生する場合が多く、日々大量の定型作業を正確に遂行する必要がある。これまでは職員が書面上に記載されたデータを処理していた。近年、光学文字認識技術（OCR）により書類の電子化が容易となり、目視による確認や手入力による転記などの作業の自動化が進められている。

2018年頃から、金融業界ではRPAの導入が急速に進展し、RPAブームの様相を呈した。2022年6月に**金融庁**が公表した「金融機関のITガバナンス等に関する調査結果レポート」によると、2021事務年度にRPAを導入済みの金融機関は84％に上っている。RPAの導入効果の評価に関しては、8割以上が想定通りまたは想定以上という結果が得られている。

一方、RPAの導入にはリスクもある。具体的には、RPAを導入した業務の内容がブラックボックス化することや、何らかの原因で機械処理が停止した場合に、RPA導入後の人員体制では対応できないリスクが挙げられる。金融機関はこれらの問題を熟慮した上で、RPAにかかわるリスク管理体制を構築する必要がある。

STO

STO（Security Token Offering）は、デジタル証券（Security Token）を活用した資金調達手段。株式や債券、不動産などがブロックチェーンに乗せてデジタル化され取引される。

STOとは、デジタル証券を活用した資金調達手段のことである。STOでは株式や債券といった伝統的な金融商品だけでなく、流動性が限られる小規模な不動産や非上場企業、ヘッジファンドなどもブロックチェーンに乗せてデジタル化することで、管理を容易にし、個人など小口の投資家にも販売できるようになり、従来以上に幅広いリスクマネーの流入が見込める。

日本においても、2020年5月に改正**金融商品取引法**が施行されたことで、2021年3月末に三井住友信託銀行がクレジットカード債権を裏付けとしたデジタル証券の国内第1号を発行している。同年4月には、SBI証券が社債1億円を発行した。さらに、同年8月には三菱UFJ信託銀行が不動産運用会社ケネディクスが保有する居住用不動産をデジタル証券化し、野村証券とSBI証券が個人向けに販売している。

STOがさらに普及するためには、デジタル証券を購入した投資家が機動的に売買できるセカンダリー市場が必要となる。SBIホールディングスと三井住友フィナンシャルグループなどは、デジタル証券の私設取引所（PTS）「大阪デジタルエクスチェンジ」を共同設立し、2023年度の取引開始を目指している。

また、2023年10月、三菱UFJ信託銀行やNTTデータなどは、ブロックチェーン技術を活用したデジタル証券の取引基盤を運用する合弁会社Progmat（プログマ）を設立している。

UI・UX

UI（User Interface）とは、ユーザーと製品・サービスとの「接点」を指す言葉。UX（User Experience）とは、ユーザーが製品・サービスを使用することで得られる「体験」を指す言葉。

UIは、製品・サービスと接触する際の操作性や機能性で評価される。スマホのアプリであれば、「画面がすっきりしている」「ボタンが分かりやすい位置に配置されている」など、ユーザーの目や手に触れるもの全てがUIとなる。

UXは、ユーザーが製品・サービスを使用して得られる体験や経験で評価される。ECサイトであれば、「欲しい商品が見つけやすい」「サポート対応が丁寧で好感が持てた」など、製品・サービスから感じ取れる体験の全てがUXとなる。

高いUXを実現する商品・サービスは、例外なく優れたUIを備えている。Apple製品のiPhoneの場合、美しいデザインと優れた操作性（UI）がユーザーに楽しさと感動（UX）を与えている。

ワイン好きのWEBサービスを提供するブロードエッジ・ウェアリンクのアプリは、来店時に簡単な質問に答えるだけ（UI）で自分が好むワインリストが表示され、店舗内で試飲することで自分好みかどうか体験（UX）してもらう。

金融機関もUI・UXに力を入れている。2018年度グッドデザイン賞を受賞した「りそなグループアプリ」は、振り込み・振替、定期預金、投資信託といった様々な金融取引をシンプルで統一したデザイン（UI）で提供する。引っ越しや誕生日などのライフイベントではお祝いの通知が画面に届く（UX）。「銀行らしくないUI・UX」が顧客の指示を集めた好例である。

Web3.0

ブロックチェーンを用いて非中央集権型のネットワークを実現する概念及び試み。現状の中央集権的なウェブ（Web2.0）からみて次世代型インターネットとも呼ばれる。

Web3.0（Web3とも表記される）は、電子メールとウェブサイトを中心とした「Web1.0」、スマートフォンとSNSに特徴づけられる「Web2.0」に続く、インターネットの利用形態である。

Web2.0では、**GAFA**（Google、Apple、Facebook、Amazon）などのプラットフォーム企業が提供するサービスが普及した。これらは便利な反面、プラットフォーム企業に個人情報や購買・行動履歴などを蓄積することに伴う弊害も顕在化してきた。

Web3.0の基本コンセプトは、ブロックチェーン上でデータを管理・活用し新しい価値を創出することである。利用者自身が開示すべきと判断した情報を、ブロックチェーンに書き込み流通させる。情報やコンテンツをデジタル化し検証可能な状態で蓄積することで、経済的な流動性を高める。コンテンツは**NFT（非代替性トークン）**の形態を採ると、デジタル資産としての性質も帯びる。

Web3.0では、管理者を介さず、スマートコントラクトなどの仕組みを用いたDAO（Decentralized Autonomous Organization. 分権型統治）が主流になる。これを金融サービス提供に応用したものがDeFi（Decentralized Finance. 分散型金融）である。NFTやDeFiの普及は、金融システムへの影響が無視できない。**金融庁**は、2023年3月に事務ガイドラインを改正するなど、対応を行っている。

Ⅱ 脱炭素・サステナビリティ

脱炭素と経済成長の両立に向けたGX（グリーントランスフォーメーション）の実現が金融界を含めて大きな課題になっている（写真は、2023年10月に開催された東京GXラウンドテーブルに出席する岸田文雄首相）

写真出所：首相官邸HP

消費電力量の可視化など高い環境性能を備えたZEB（ネット・ゼロ・エネルギー・ビル）認証店舗が増加。（写真は、2023年6月にZEB認証店舗としてグランドオープンした愛媛銀行西条支店）

写真出所：愛媛銀行

インパクトファイナンス(IF)

事業活動が経済・社会・環境にもたらす正負両面のインパクトを評価し、それぞれをプラスの方向へ導くための金融。SDGs金融の実践形と位置付けられる。

インパクトファイナンス(IF)とは、事業活動が経済・社会・環境にもたらす正負のインパクト（影響）を包括的に評価し、負の影響の緩和と、正の影響の拡大のために継続的に支援する金融をいう。直接金融・間接金融を問わず、資金の受け手だけではなく提供者のコミットも強く求められる。

IFの最大の特徴は、SDGs課題の相互関連性を重視することにある。例えば、再生可能エネルギー事業であれば、脱炭素という環境面、雇用などの経済面で正の影響をもたらし得るが、地域の騒音公害など社会面で負の影響をもたらす可能性もある。このように正負両面の影響を適切に特定し、それぞれをプラスの方向へ導くことが強く意識される。

その目安は国連環境計画・金融イニシアティブが2017年に発表した「ポジティブインパクト金融原則」である。同原則は、影響の特定と定義（原則1)、枠組みの提示とモニタリング（原則2)、透明性・情報開示（原則3)、実現度合いの評価（原則4）からなる。

日本でも環境省が2020年に「インパクトファイナンスの基本的考え方」を示し、IFをESG金融の発展形、SDGs金融の実践形と位置付けた。それと前後して国内ではIF関連商品を組成する金融機関が増え始め、取り扱い実績も拡大しつつある。また、IFの第三者評価を実施する信用格付け業者も増えている。

環境格付け融資

金融機関の融資審査に際して、融資先企業の環境への取り組みを格付けし、その結果を金利などの融資条件に反映させる融資メニュー。ESG・SDG金融の一部に位置付けられる。

金融機関の融資審査では、融資先企業の財務情報などに基づいて融資の実行判断や条件設定を行う。それとあわせて融資先企業の環境への取り組みを評価・格付けし、その結果に応じて優遇金利を適用するなど、融資条件に反映させるのが環境格付け融資である。

環境格付け融資は、2004年に日本政策投資銀行が世界で初めて導入した。金融機関にとっては融資先企業の非財務情報を審査に組み込めるというメリットがあるほか、融資先企業にとっても環境対策の動機付けになるといった意義があることから、民間金融機関にも波及した。

近年では環境だけではなく社会・ガバナンスを含むESGやSDGsが重視されることから、環境格付け融資もESG・SDGs融資の一部とみなされる。同時に、金融機関には単に融資先企業の取り組みを審査するだけではなく、企業が定めるSDGs目標の達成に向けて助言する体制を整えるなど、継続的な支援を行うことも期待されるようになっている。

環境省は、2007年度から環境格付け融資の普及策として「環境配慮型融資促進利子補給事業」を行ってきたが、それに代わって2019年度からは「地域ESG融資促進利子補給事業」、2022年度からは「地域脱炭素融資促進利子補給事業」を行っている。2023年度には本事業を担う（一社）環境パートナーシップ会議が銀行・信用金庫あわせて81行を参加金融機関に採択している。

グリーンウォッシュ

商品・サービスが基本的な環境基準を実際には満たしていないにもかかわらず、環境に優しいとマーケティングすることにより、不当な競争上の優位性を獲得する慣行のこと。

グリーンウォッシュは、環境に配慮したイメージである「グリーン」と「ホワイトウォッシュ（ごまかす、うわべを繕う）」を組み合わせた造語だ。これに派生し、うわべだけESGに取り組んでいるようにみせる「ESGウォッシュ」、やSDGsに取り組んでいるようにみせる「SDGsウォッシュ」という単語もある。

例えば、商品の中身は変えず、外装を緑色にし、商品名に「エコ」の冠をつけることで環境に配慮した印象を訴えるといったようなことだ。

近年、**ESG投資**の拡大に伴い、企業の**非財務情報の開示**が進むなか、ウォッシュ批判の対象は商品・サービスから、金融商品や企業活動そのものに使われることも増えてきた。

欧米では、グリーンウォッシュの可能性がある金融商品を販売した金融機関に対し、規制当局の捜査が入る事案も発生している。ウォッシュ防止のための金融機関への開示規制の導入も進んでいる。

国内では、**金融庁**が証券取引所や資産運用会社との連携を進めている。例えば、急増したESG関連公募投資信託の運用方法や運用組織の実態を調査し、グリーンウォッシュの防止に向けて、資産運用会社への期待を取り纏めている（金融庁「資産運用業高度化プログレスレポート2023」）。

今後も健全なESG投資市場の発展と投資家保護を目的とし、ウォッシュ防止のための様々なルールや規制が国内外で厳格化されるだろう。

グリーン成長戦略

2050年のカーボンニュートラルの実現に向け、気候変動対策を成長の機会と捉え、産業構造や社会経済に変革と成長をもたらす「経済と環境の好循環」を作っていく産業政策を指す。

グリーン成長戦略の正式名称は、2021年6月に日本政府から公表された「2050年カーボンニュートラルに伴うグリーン成長戦略」である。グリーン成長戦略では、脱炭素化へと向かう時代環境をビジネスチャンスと捉え、大胆な投資を行い、イノベーションを起こそうとする企業の挑戦を支援する、様々な政策が挙げられている。

主な政策に、革新的技術の研究開発から社会実装までを支援するグリーンイノベーション基金(2兆円・最長10年間)の創設、カーボンニュートラルに向けた投資促進税制、ファイナンス資金活用のための金融市場の整備、規制改革・標準化などがある。

成長が期待される産業分野として、以下14の産業分野を挙げ、分野ごとに実行計画を策定し、目標を掲げ、具体的な見通しを示している。

①洋上風力・太陽光・地熱	⑧物流・人流・土木インフラ
②水素・アンモニア	⑨食糧・農林水産
③次世代エネルギー	⑩航空機
④原子力	⑪カーボンリサイクル・マテリアル
⑤自動車・蓄電池	⑫住宅・建築物・次世代電力等
⑥半導体・情報通信	⑬資源循環関
⑦船舶	⑭ライフスタイル関連

グリーンボンド

温室効果ガスの削減や生物多様性の保全など、環境関連事業における資金調達を目的とした債券。ESGやSDGsに関連する資金調達手段として拡大している。

グリーンボンドとは、温室効果ガスの削減や生物多様性の保全といった環境関連事業の資金調達を目的とする債券である。単に投資家や発行者が環境貢献をアピールする手段ではなく、開発需要の高い成長分野の資金調達手法として注目される。

近年は持続可能性にかかわる債権を総括してESG債またはSDGs債と呼ぶが、グリーンボンドはその中心である。

グリーンボンドの定義や発行基準は、国際資本市場協会(ICMA)が公表する「グリーンボンド原則」が目安となる。この原則は、①調達資金の用途 ②プロジェクトの評価と選択のプロセス ③調達資金の管理 ④情報公開という4項目が核となる。なお、ICMAは同原則と「ソーシャルボンド原則」を総括した「サステイナビリティボンド・ガイドライン」を公表しており、これに適合するサステナビリティボンドも注目されている。

グリーンボンドは2008年に世界銀行グループが発行を開始し、その後、金融機関や民間企業、行政機関へと取り組みが広がった。国際NGOの気候債券イニシアチブによると、2022年の世界の発行額は4,697億米ドルであり、特に欧州で発行額が大きい。

日本でも環境省が「グリーンボンドガイドライン」を公表するなどして普及を後押ししている。環境省によると、2022年の国内発行額は過去最高額の2兆327億円（発行件数95件）となっている。

サステナビリティ・リンク・ローン(SLL)

借り入れ人のサステナビリティ戦略と整合した目標（SPTs）の達成と融資条件を連動させるインセンティブをつけることで、借り入れ人及び社会の持続可能な成長を企図する融資。

サステナビリティ・リンク・ローンとは、借り入れ人のサステナビリティ戦略と整合した目標（サステナビリティ・パフォーマンス・ターゲット／SPTs）の達成度と融資条件等を連動させることで、借り入れ人及び社会の持続可能な成長を企図している融資の仕組みである。

国際ローン市場協会等が策定した「サステナビリティ・リンク・ローン原則(SLLP)」や環境省が策定した「グリーンローン及びサステナビリティ・リンク・ローンガイドライン」にそのコンセプトや手法の詳細が記載されている。

グリーンボンド等と異なり、資金使途が特定のプロジェクトに限定されないという利便性やサステナビリティ戦略に焦点があてられるPR効果などが相まって、取り組みが拡大している。

国内では2019年度に初めて活用されて以来2022年時点では約6,573億円のローン組成額となった。

環境省ガイドラインへの適合性を確認するプロセスとしては、①外部評価機関へ意見書を依頼する方法と ②外部評価機関を利用せずに借り入れ人が自己評価を行う方法が存在する。②の場合には、借り入れ人が自己評価を行うための内部の専門的知識を示すまたは開発することが強く奨励されている。外部評価機関や貸し付け人による評価で最も重要な点は、SPTsの設定における野心性や適切性を客観的に評価することである。

サステナビリティ開示

持続可能な社会の実現に貢献するための企業活動に関する情報開示をサステナビリティ開示という。競争力向上への貢献も期待されており、浸透・促進の加速が予想される。

持続可能な社会の実現に貢献すべく、企業が環境・社会・経済の観点から行う活動に関する情報をサステナビリティ情報という。2023年1月の内閣府令で、2023年3月31日以後に終了する事業年度の有価証券報告書から開示が求められるようになった。

開示が求められるのは①サステナビリティに関する「ガバナンス」「リスク管理」「戦略」「指標及び目標」の情報②人的資本(人材育成方針等)、多様性（女性管理職比率等）に関する情報 ③コーポレートガバナンスに関する情報の3つである。開示府令では具体的な記載方法は未規定で、企業が自ら考える必要があるため難易度は高いが、質の高い取り組みの開示で市場に訴求する機会となる。

金融業界では、**金融庁**の「記述情報の開示の好事例集2022」で保険会社、地方銀行が取り上げられるなど模範的な情報開示が行われてきたが、足もと、金融機関では自らの情報開示にとどまらない取り組みを見せている。

具体的には、メガバンクを含む金融機関が2023年8月14日に社団法人を設立し、中堅中小企業、非上場企業によるサステナビリティ情報開示の浸透・促進を図っている。産業構造の大部分を占める中堅中小・非上場企業の潜在力を市場へアピールする活動の意義は大きく、今後、金融機関には日本のサステナビリティ開示を促進する役割が期待されている。

サステナブル・サプライチェーン・ファイナンス(SSCF)

サプライチェーン全体への資金供給において、サプライヤーのサステナビリティの取り組みに連動した融資条件の設定を通じ、企業のサステナビリティの取り組みを促す仕組み。

サプライチェーン・ファイナンスとは、バイヤーがサプライヤーに支払うべき買掛金をファクタリング業者に前払いしてもらい、サプライヤーの資金調達を早期化できる金融サービス等である。この仕組みに、サステナビリティの促進という目的を組み入れたのがサステナブル・サプライチェーン・ファイナンス(SSCF)だ。SSCFでは、サプライヤーのサステナビリティの評価が高いほど、より有利な条件で資金調達ができる。

この先駆けとなったのが米小売大手ウォルマートと英金融大手HSBCが2019年から提供しているSSCFだ。ウォルマートのサプライヤーが「エネルギー」「廃棄物」「パッケージ」「農業」「森林破壊」「製品利用」の6分野のいずれかで排出量を削減すれば、HSBCから当該サプライヤーに好条件の融資が提供される。そのほか、CDPで一定以上のスコアを達成したサプライヤーはウォルマートが承認した請求書の支払期限の早期化をHSBCに依頼できる。SSCFは、このようにサプライヤーのサステナビリティを促している。

日本では2022年にみずほ銀行が本邦初のSSCFの金融商品を発表し、2023年にはみずほ信託銀行が電子記録債権を用いたSSCFを開始した。今後も大企業を中心にサプライチェーン全体の脱炭素やサステナビリティを促進する取り組みは増加するはずだ。SSCFはそうした取り組みを後押しする有効なツールになる。

人権デューデリジェンス

人権に対する、企業としての適切で継続的な取り組みのこと。人権への負の影響とリスクを特定し、リスクを分析・評価して適切な対策を策定・実行するプロセスが求められる。

◆対象・意義

Due Diligenceは「適切な・努力」という意味で「適正評価」とも訳される。企業買収や不動産投資において、資産価値・リスクを査定する手続きとして使われることが多く、その考え方に則り、人権侵害にかかわるリスクを把握・管理しようとするのが人権デューデリジェンスである。

企業活動が、従業員、顧客等のステークホルダーの人権に及ぼす負の影響(人権リスク)を調査・評価し、リスクの顕在化を予防、軽減、是正するプロセスを指す。人権侵害の対象には、長時間労働、賃金未払い、ハラスメント等の国内労使問題と、強制労働、児童労働、外国人労働者の権利侵害といった国際的問題が含まれる。

人権問題は、企業イメージの低下(レピュテーション・リスク)、当事者から提訴されることに伴う損失(法務リスク)、株価下落等による財務リスク、従業員による業務ボイコットによる損失などを生みやすい。これらを回避することは、企業全体のリクス管理上極めて重要である。

◆内外の対応

2011年に国際連合は「ビジネスと人権に関する指導原則」を承認し、日本国内では法務省が対応例として、①人権に負の影響を与えるリスク特定と影響度評価 ②教育・研修の実施 ③社内環境整備 ④サプライチェーン管理 ⑤モニタリング ⑥外部への情報公開、を例示している。

脱炭素化支援機構

2050年カーボンニュートラルの実現に向け、脱炭素に資する多様な事業への呼び水となる投融資を行うために、財政投融資と民間からの出資により設立された官民ファンド。

脱炭素化支援機構（JICN）は、2022年10月に民間株主82社と主務省の環境省、株主である**財務省**を含む関係省庁によって設立された。国の財政投融資と民間からの出資を原資とした官民ファンドである（資本金217億円）。

主な設立目的は、2050年のカーボンニュートラル実現に向け、脱炭素に資する事業への呼び水となる投融資（リスクマネーの供給）を行い、国内の脱炭素に必要な資金を円滑に供給することである。

設立の背景には、これまで、国内の脱炭素事業への投資が、欧米に比べて取引件数や投資額が少なく、投融資実績や前例の不足から、事業リスクを判断する知見・経験が不十分であるといった課題認識がある。

そのため、JICNによるリスクマネーの供給により民間資金を呼び込み、今後、民間金融機関が参照し得る審査実績の蓄積をしていくことが期待されている。

JICNの支援対象は、企業の自社及び他社の温室効果ガス排出量の削減や吸収源の増大につながる事業や、これらの事業活動を支援する事業である。①発電・熱供給 ②住宅・家庭 ③農林水産・食品分野 ④移動・モビリティ ⑤サプライチェーン ⑥オフィスビル・商業施設等が挙げられる。

設立から1周年、2023年10月末時点で上述した分野の規模や業種など幅広い企業に対して、10件の投融資案件実績が公開されている。

トランジション・ファイナンス

脱炭素社会の実現に向けて、企業が長期的な戦略に則り着実な温室効果ガス削減の取り組みを行っている場合に、そのトランジション(移行)を支援することを目的とした金融手法。

2015年のパリ協定以降、脱炭素社会の実現に向けた取り組みが世界で加速している。しかしながら、温室効果ガス多排出産業を中心に、短期的な脱炭素実現が構造上難しい産業も存在する。そのため、トランジション・ファイナンスは省エネの着実な低炭素化の取り組み、及び革新技術の研究開発等の長期的な脱炭素化に資する取り組みへ資金供給を促進するためのものである。

上記の問題意識を背景に、2020年12月に国際資本市場協会(ICMA)が「クライメート・トランジション・ファイナンス・ハンドブック」、2022年10月に経済協力開発機構(OECD)がトランジション・ファイナンスに関するガイダンスを公表する等、トランジション・ファイナンスに対する注目が世界的に集まっている。

日本では、2021年5月に経済産業省・**金融庁**・環境省がICMAのハンドブックに則ったトランジション・ファイナンスのための基本方針を取りまとめた。また、経済産業省や国土交通省は、温室効果ガス多排出産業8業種にてカーボンニュートラルに向けたロードマップを策定し、トランジション・ファイナンスの推進に取り組んできた。結果として、トランジション・ファイナンスの累計国内調達額は、2023年3月末時点で約1兆円に拡大した。さらに、2023年度以降、世界初の移行国債である「**GX**経済移行債」の発行が決定しており、さらなる国内市場の拡大が見込まれている。

ESG投資

財務面のみならず、Environment（環境）、Society（社会）、Governance（ガバナンス）といった非財務面を考慮した投資。企業の持続可能性、すなわち長期的な収益性が評価される。

ESG投資は、企業の財務情報だけでなく、環境や社会、ガバナンスといった非財務情報を重視する投資である。ここでいう環境とは気候変動対策など、社会とは従業員の労働環境の整備など、ガバナンスとは取締役の構成や不正防止の徹底などを指しており、SDGsにも関連が深い。

ESG投資の類似概念として、社会的責任投資（SRI）が挙げられる。SRIが倫理的・社会貢献的な意味合いにとどまるのに対し、ESG投資はESGに関する情報を持続可能性、すなわち長期的収益性を示す経営指標として積極的に評価する。

目安は、国連環境計画・金融イニシアティブの「責任投資原則（PRI）」である。これは①投資分析・意思決定過程にESGを組み込む ②株式所有の方針や習慣にESGを組み込む ③投資対象にESG情報の開示を求める ④資産運用業界に本原則の受容と実行を求める ⑤本原則の効果を高めるために協働する ⑥本原則の活動・進捗状況を報告するという6原則からなる。

世界責任投資連盟（GSIA）によると、2020年のESG投資額は世界全体で35.3兆米ドル、日本で2.7兆米ドルに達する。特に、国内最大の機関投資家である年金積立金管理運用独立行政法人（GPIF）のESG投資額は2022年度末で12.5兆円に上る。

2023年10月には岸田文雄首相がESG投資の推進に向けた対話枠組みの創設を表明しており、動向に注目である。

EUタクソノミー

企業の経済活動が、地球環境にとって持続可能かどうかを判断するためのEU独自のシステム。投資家へ透明性の高い情報を求めることにより、グリーン事業の資金獲得を促進する。

EUタクソノミーは、経済成長を維持しつつエネルギー消費を減らすデカップリング達成を最終的な目標としている。タクソノミーは「分類」という意味であり、分類の具体的プロセスを定めたタクソノミー規則は、EUの全加盟国に適用され、国内法より効力が強い。タクソノミー規則には6つの環境目標と4つの判定基準があり、「サステナブルな経済活動」と認定されるには4つの判定基準全てを満たす必要がある。欧州に拠点を持ち、金融市場に参加する企業と、500人以上の従業員を擁し、欧州で経営する企業の2種類の企業が情報開示を求められる。金融機関は、取り扱う金融商品全体に対し、EUタクソノミー規則に合致する経済活動の割合の算出と開示が必要になる。大企業の場合は、その割合の算出と開示対象が経営活動全体に適用される。EUタクソノミーの適用範囲は今後拡大することが予想されており、欧州の株主を持つ他国の企業も情報開示を求められる可能性がある。EUタクソノミーの影響を受け、「**サステナブルファイナンス**の基準共通化を進める国際的プラットフォーム（IPSF）」では、国際共通基準の制定を視野に入れた議論が行われている。

日本においては独自のタクソノミーは存在しないが、グリーンかどうかだけでなく、移行段階の取り組みにも注目して企業努力を評価するべきという、**トランジション・ファイナンス**という考え方が取られている。

GHG排出量算定

企業による二酸化炭素やメタン等の温室効果ガス（GHG：Green House Gas）の排出量を算定することであり、金融機関の投融資活動においても排出量算定・開示への関心が高まっている。

1998年に成立した「地球温暖化対策の推進に関する法律」により温室効果ガス（以下GHG）排出量算定・報告・公表が義務付けられて以降、GHGを相当程度多く排出する者（特定排出者）に、自らの温室効果ガスの排出量を算定し、国に報告することが義務付けられている。

GHG排出量は二酸化炭素、メタン等のGHG排出量について、企業自らによるGHGの直接排出（Scope1）、他社から供給された電気、熱、蒸気の使用に伴う間接排出（Scope2）、事業活動に関するScope1、Scope2以外の間接排出（Scope3）という3つを合計し、原材料調達・製造・物流・販売・廃棄など、一連の組織活動から排出される「サプライチェーン排出量」として算定。企業には自社だけでなく、サプライチェーンにかかわる他事業者との連携によるGHG排出量削減が期待されている。

金融機関においては、投融資活動を通じて間接的に排出しているとみなされるGHG排出量、通称「ファイナンスド・エミッション」の算定・開示への関心が高まっている。主要な金融機関が賛同しているGFANZ（グラスゴー金融同盟）等の国際的な金融アライアンスでは、ファイナンスド・エミッションを含めて金融機関のGHG排出量をネットゼロにする目標が求められており、日本でもネットゼロに向けた投融資を積極的に評価する枠組みの検討が**金融庁**や経済産業省において始まっている。

GX(グリーントランスフォーメーション)、SX(サステナビリティトランスフォーメーション)

GXは、脱炭素と経済成長・産業競争力向上の同時実現に向けた、社会・産業構造の変革。SXは、社会と企業のサステナビリティの同期化の実現に向けた、経営・事業構造の変革。

【GX】2050年等の年限付きのカーボンニュートラルを表明している国・地域は、150以上に拡大し、脱炭素社会への機運は一層高まっている。その実現のためには、産業革命以来の化石燃料中心の社会・産業構造から、クリーンエネルギー中心の社会・産業構造への転換が必要不可欠である。水素や再生可能エネルギー等の脱炭素技術が今後の国際競争力を左右することから、GXの重要性は世界的に高まっている。GXの実現のためには、莫大な投資が必要となることから、世界各国で政府主導の様々な施策が進められている。

日本では、2021年6月に2050年のカーボンニュートラルに向けた**グリーン成長戦略**が策定された。経済と環境の好循環を作るために、水素や再生可能エネルギー等の成長が期待される14分野において、技術フェーズに応じた実行計画が分野別に推進されている。この戦略により、2050年の経済効果は約290兆円、雇用効果は約1,800万人と見込まれる。

また、2023年2月に公表された「GX実現に向けた基本方針」では、「GX経済移行債」による約20兆円の先行投資支援のほか、カーボンプライシングによるGX関連製品・事業の付加価値向上等により、GX投資を加速させる方針が打ち出されている。

さらに、日本企業がGX分野で世界的な優位性を獲得するために、2023年度より産官学連携の場である「GXリーグ」の本格稼働が予定されている。

【SX】近年、社会のサステナビリティ課題は、気候変動問題のみならず、人権問題や自然資本等、世界的に多様化している。市場や投資家、消費者等が企業を評価するにあたって、サステナビリティ課題への対応は1つの指標となっていることから、サステナビリティ課題への対応は、企業が経営戦略の根幹をなす要素の1つとなっている。このため、企業が長期的かつ持続的に成長するために、SXを推進する重要性が高まっている。

日本においても、2021年5月から「サステナブルな企業価値創造のための長期経営・長期投資に資する対話研究会」(SX研究会)において、SXの重要なポイントや今後の方向性が議論されてきた。

その後、日本企業や投資家等が将来に向けて進むべき道を示す羅針盤として、2022年8月に、SX研究会から「伊藤レポート3.0」が公表された。それによれば、SXの推進にあたっては、企業は競争優位性のある事業活動を通じて、ステークホルダーの抱える課題を解決し利益を上げ、稼いだ利益をさらなる課題解決に振り向けるべき、とある。それによって、長期的かつ持続的な企業価値向上につなげる、という循環的な捉え方が重要としている。

SX実現のための具体的な取り組みとしては、次の3点を挙げている。①社会のサステナビリティを踏まえた目指す姿の明確化 ②目指す姿に基づく長期価値創造を実現するための戦略の構築 ③長期価値創造を実効的に推進するためのKPI・ガバナンスと、実質的な対話を通じたさらなる磨き上げ。気候変動問題を対象とするGXは、多様なサステナビリティ課題を対象とするSXの中に位置付けられる。このため、持続可能性のある社会の実現にあたっては、SXとGXは一体的かつ効率的に推進していくことが重要である。

SDGs経営支援

SDGs(持続可能な開発)目標の達成に取り組む企業や事業を支援することを目的とした金融機関のSDGs及びESG関連の金融商品やSDGs経営を支援サービス事例が増加している。

2015年9月、国連持続可能な開発サミットにて、「我々の世界を変革する：持続可能な開発のための2030アジェンダ」が採択された。アジェンダでは、「誰一人取り残さない－No one will be left behind」の理念の下、国際社会が2030年までに持続可能な社会を実現するための重要な指針として、17の目標と169のターゲットからなるSDGsが設定された。

それ以降、金融業界ではSDGs達成に資する金融商品が開発・提供されている。直接金融では**グリーンボンド**やソーシャルボンドといった資金使途を社会や環境に限定した債券発行が増加。投資家も、SDGsの目標に照らして企業の取り組みを評価するなど、投資先選定等に活用されている。

間接金融でも、グリーンローンやソーシャルローン等の資金使途を限定した融資や企業戦略を評価するESG関連融資を拡充させている。

日本では、2016年にSDGsを推進するための国家戦略として「SDGs実施指針」が策定され、あらゆる主体が意欲的な活動を始めている。民間金融機関においては、融資のみならず、コンサルティング等を通じた取引先支援の動きが活性化している。内閣・内閣官房が、2022年6月に公表した「新しい資本主義のグラウンドデザイン及び実行計画」にて**インパクト投資**を推進することを明記したほか、直接金融・間接金融問わず、金融機関によるSDGs経営支援はさらに主流化していくだろう。

TCFD(気候関連財務情報開示タスクフォース)

2015年にG20の要請を受け、FSB(金融安定理事会)により、気候関連の情報開示及び金融機関の対応を検討するために設立された組織。

TCFDは、2017年6月に、企業等に対して財務に影響する気候関連情報の開示を促す最終報告書(TCFD提言)を公表。具体的には、気候変動関連リスク・機会に関する「ガバナンス・戦略・リスク管理・指標と目標」の4要素・11項目の開示を推奨する。

TCFD提言は、企業等への強制力をもたない開示枠組みだが、気候変動問題における金融の重要性が一層増すなか、賛同数は増加傾向にある。2023年6月、国際サステナビリティ基準審議会(ISSB)がTCFD提言を基にIFRSサステナビリティ開示基準を公表する等、TCFD提言を企業に義務化する動きが国際的に進んでいる。

TCFD提言賛同機関数をみれば、当初は英米が先行していたが、日本で2018年10月に経済産業省が「TCFDガイダンス」を公表したことや、2019年5月に民間主導の「TCFDコンソーシアム」が設立されたことを契機に、官民連携でTCFD提言に対応してきた日本が世界最多となった。2023年10月現在では、日本が1,470機関と世界(4,872機関)の約3割を占めている。

日本でもTCFD提言に沿った開示強化に向けた検討が進んでいる。2021年6月のコーポレートガバナンス・コード改訂を受けて、プライム市場上場企業は、TCFD提言に基づく開示が実質的に義務化された。今後、国内外問わず、TCFD提言に沿った情報開示の取り組みは、質量ともに加速していくだろう。

TNFD(自然関連財務情報開示タスクフォース)

民間企業や金融機関が、自然資本及び生物多様性に関するリスクや機会を適切に評価し、情報開示するための枠組みを構築する国際的な組織。

TNFDは、自然関連財務情報開示タスクフォース(Task Force for Nature-related Financial Disclosures)を指し、2020年7月に国連開発計画、世界自然保護基金、国連環境開発金融イニシアチブ、英環境NGOグローバル・キャノピーにより発足した国際的組織である。

企業が、自然資本及び生物多様性に関するリスクや機会を適切に評価し、開示する枠組みの構築を目的としている。なお、ここでいう自然資本とは森林・土壌・水・大気・生物資源等を指す。

TNFDが参照する取り組みが、**TCFD(気候関連財務情報開示タスクフォース)**であり、TNFDはTCFDの自然資本版ともいえる。両者の共通点は、TNFDが求める開示がTCFD同様に「ガバナンス、戦略、リスク管理、指標・目標」の4つから成ることだ。相違点は、企業に求める説明内容である。TCFDが気候変動の「物理リスク」と「移行リスク」を主眼として財務への影響の説明を求めている。一方、TNFDは「自然への影響」と「自然から受ける影響」との双方による説明を求めている。

2023年9月には、TNFDの最終提言であるv1.0が公開された。取り組みが優先されているセクターである食品、建設、化学、アパレル等の業界をはじめ、今後、多くの上場企業では、企業活動に伴う自然への影響・依存・機会・リスクの分析・開示が求められるようになるだろう。

ZEB(ネット・ゼロ・エネルギー・ビル)

Net Zero Energy Buildingの略称。快適な室内環境を実現しながら、建物で消費する年間の一次エネルギーの収支をゼロにすることを目指した建物。

2014年4月に閣議決定したエネルギー基本計画において、「建築物については、2020年までに新築公共建築物等で、2030年までに新築建築物の平均でZEBを実現することを目指す」とする政策目標が設定された。目標達成に向けて、経済産業省資源エネルギー庁が2015年12月にZEBの実現・普及に向けた定性的及び定量的な定義・評価方法を公表した。国内の多くの金融機関が自社の温室効果ガス（GHG）排出量を実質ゼロにすることを経営方針に定め、様々な取り組みを実施している。

三菱UFJフィナンシャル・グループは、2030年までに自社のGHG排出量を実質ゼロにすることを目指し、省エネ設備の導入、使用電力の再エネ化、建替物件等のZEB認証取得に取り組んでいる。八十二銀行は、ZEB店舗導入、CO_2フリー電力の利用拡大等を進め、2023年6月に国内の銀行で初めてGHG排出量のネットゼロを達成した。今後、金融機関では自社物件の建替等におけるZEBの実現がスタンダードとなる可能性がある。

また、金融機関においては、企業や自治体等の環境改善効果のある事業に対する投融資（グリーンファイナンス）の重要性が増しており、取扱実績も増加。環境省が公表するグリーンファイナンスのガイドラインにはZEBに関する事業も対象資金使途に含まれており、投融資先へのグリーンファイナンスを通じたZEBの普及が期待されている。

Ⅲ 業務、商品・サービス

2023年3月に栃木銀行は電力事業行う子会社を設立。再生エネルギーの地産地消、地域の脱炭素化を推進していく。写真は、新会社設立で握手する栃木銀行の黒本淳之介頭取（中央）

インボイス対応支援

インボイス制度の開始を受け、企業の会計処理における利便性向上等を目的として、デジタルインボイスの国内標準仕様に対応した金融EDI情報標準「DI-ZEDI」が制定された。

消費税の軽減税率の導入により、納税額を正確に把握するため、2023年10月1日から、インボイス制度が開始された。事業者が消費税の控除や還付を受けるには、インボイス（適格請求書）が必要となることから、受発注や請求などの商取引に関する情報を振込時に添付し、支払企業と受取企業との間で金融EDI情報を交換・共有する際の金融機関のインボイス対応支援が注目されている。

EDIは、Electronic Data Interchangeの略で、電子データ交換を意味し、一般社団法人全国銀行資金決済ネットワークが振込時に金融EDI情報の送受信を可能とする全銀EDIシステム（愛称：ZEDI＝ゼディ）を運営している。インボイス制度の開始を受け、2023年4月、企業の会計処理における利便性向上等を目的に、デジタルインボイスの国内標準仕様に対応した金融EDI情報標準「DI-ZEDI（ディー・アイ・ゼディ）」を制定。これにより、企業が会計処理において行うデジタルインボイスと振込のひも付けが容易となり、請求から決済へのデータ連携による売掛金の消込業務の自動化が可能となった。

また、金融機関の振込手数料については、事業者が窓口等で支払った場合、インボイスの要件を満たした「手数料受取書」等が発行されるが、ATM・両替機での取引では、一定事項を記載した帳簿を保存することで消費税の仕入額控除を受けることができる。

営業時間の弾力化

銀行法令の改正により、当座預金業務を営む店舗でも、平日休業や、営業時間の変更が行えるようになり、地域金融機関で店舗の営業時間を弾力化する動きが出てきている。

金融機関の休日については、銀行法施行規則により、土・日・祝、12月31日から1月3日までとされており、当座預金業務を営む店舗については、平日は毎日店舗を開くことが義務付けられ、休日営業は各金融機関の判断で行うことになっていた。

しかし、年々金融機関の来店客が減少し、人件費負担が大きいことなどから、2018年8月の銀行法施行令改正で、当座預金業務を営む店舗でも、顧客利便性を著しく損わないことを条件に、平日休業が認められた。これにより、例えば隣接する2つの店舗で片方を月・水・金曜日に、もう片方を火・木曜日に開くといった運営が可能になった。

営業時間については、銀行法第16条第1項により、午前9時から午後3時までとされており、同条第3項によって、当座預金業務を営まない店舗に限り、営業の都合で営業時間を延長できる。

また、営業所の所在地の特殊事情等で当該営業所の顧客の利便を著しく損わない場合には、営業時間短縮もできる。2016年9月の銀行法施行規則改正により、当座預金業務ができる店舗でも、顧客の利便を著しく損わないことを条件に営業時間の変更を行えることになった。これを受けて、全国の地域金融機関で店舗の営業時間を弾力化し、昼間に1時間窓口を休業したり、休日営業する代わりに平日休業とするなど、店舗効率化を目指す動きが目立ってきている。

エコシステムの構築

エコシステムとは、企業や自治体、金融機関などが事業や商品開発で協力しあう仕組み。地域銀行などで異業種連携を通じてエコシステム構築を掲げる動きが出てきている。

エコシステムとは、企業や地方自治体、金融機関、NPOなどが事業や商品開発で協力しあう仕組みである。多種多様な業態の参加者から成り立つ「産業の生態系」ともいえる。業種や業界の枠を超えた異なる立場の参加者が創意工夫し協業・分業することで、環境問題や社会問題など様々な課題を解決し、顧客サービスの向上や新たなサービスの創出を図るものである。

そのなかで、地域経済エコシステムとは、地域経済及び地域社会の活性化・持続可能性を高めるために、企業、金融機関、地方自治体などが、相互補完関係を構築するとともに、多面的に連携・共創していく仕組みである。地域経済において、人口減少や過疎化が進むなか、事業承継や人材確保、高齢化社会、観光産業の振興、市街地活性化といった課題の解決が具体的な目的になる。実際、地域銀行などで異業種連携などを通じてエコシステム構築を掲げる動きが出てきている。

例えば、千葉銀行では地域の法人と個人の顧客をつないで、経済循環を活性化させる「地域エコシステム戦略」を打ち出しており、キャッシュレスやちばぎん商店でのECサイト、広告事業などの新たなプラットフォームの提供によって、法人と個人の顧客をつなげることを目指している。また、これらのプラットフォームで蓄積されるデータも活用し、最高の顧客体験の創造を目指すとしている。

為替取引分析業

改正資金決済法により新設される許認可業種で、為替取引に関する取引のモニタリングやフィルタリング業務を受託し、マネロン対策の担い手となる。

金融機関によるテロリストや反社組織による**マネーロンダリングへの対応**は、国際的に強化することが求められている。我が国では、**犯罪収益移転防止法**などによりマネロン対策の強化を図ってきた。金融業界ではAIを活用した業務の効率化に取り組んでいるものの、年々、負担が増加している。複数の金融機関がマネロン関連の業務を専門業者に集中して委託することができれば、従来に比べ先進IT技術を導入しやすくなり、かつ業務コストの削減を図ることが可能となる。

2022年に資金決済法が改正され、2023年6月に施行された。同法により、複数の金融機関から委託を受けてマネロン業務を行う為替取引分析業という業態が新設された。為替取引分析業は、許可制であり、兼業は禁じられている。①取引相手が制裁相手などに該当するかを分析し、委託金融機関に通知する取引フィルタリング ②犯収法の疑わしい取引の届け出にかかわる分析を行い、委託金融機関に通知する取引モニタリングの2業務を主に取り扱う。

既に、為替取引分析業への参入計画が複数公表されている。全国銀行協会は「マネー・ロンダリング対策共同機構」を設立し、野村総合研究所と千葉銀、第四北越銀、中国銀は共同で新会社「TSUBASA-AMLセンター」を設立した。ITサービス会社のSCSKも新会社を設立し、参入の準備を進めている。

企業版ふるさと納税

正式名称を「地方創生応援税制」といい、国が認定した地方公共団体の地方創生プロジェクトに対して企業が寄付を行った場合に、法人関係税が最大約9割軽減される制度を指す。

企業版ふるさと納税は2016年度に創設され、当初は従前の損金算入による約3割の軽減効果に、新たに3割分が上乗せされ、あわせて寄付額の約6割が税控除される仕組みであった。その後、2020年度の改正により、最大で寄付額の約9割が税控除され、企業の実質的負担が約1割にまで圧縮されることとなった。さらに「企業版ふるさと納税（人材派遣型）」も創設され、企業は人件費を含む寄付とともに人材を派遣することで、税控除を受けてノウハウ等を提供することも可能となった。

企業にとっては、寄付を行った企業名が公表されることで取引先や金融機関などへの信用力向上につながった、寄付をきっかけに地方公共団体とコミュニケーションを密に図るようになり、自社の事業について相談しやすくなった、などのメリットが挙げられている。

地域経済の発展は地域金融機関の成長や持続性に密接にかかわっている。地域金融機関の中には、地方公共団体に対して計画策定・実行のコンサルティングを行う一方で、企業に対しては本制度の魅力や具体的な活用事例を紹介するなどして、本制度の活用を後押ししている例もみられる。

また、顧客層の幅広さを生かして企業と地方公共団体とのマッチングを手がけている例もある。地域に根差す金融機関として、今後も地方創生への積極的な関与・支援が期待されている。

銀行間振込手数料の引き下げ

銀行間をまたがる振込手数料に含まれる「銀行間手数料」は、2021年に「内国為替制度運営費」として制度改定と引き下げが行われ、振込手数料の引き下げにつながった。

日本では古くから、全国銀行資金決済ネットワーク（全銀ネット）による全国銀行データ通信システム（全銀システム）により、異なる銀行間の為替（振込）でも即時オンライン取引を実現している。仕向銀行が受け入れる振込手数料には、被仕向銀行の事務・システムコストも内包され、銀行間手数料として銀行間で精算される。

銀行間手数料額は個別銀行間の取り決めによるが、実態は各行一律で40年にわたり固定的であったため、2020年に公正取引委員会は「全銀ネットのガバナンス体制強化を望む」との調査報告を公表。同年の政府「成長戦略実行計画」もキャッシュレス普及の観点から銀行間手数料の見直しを明言。これを受け、2021年10月より銀行間手数料は内国為替制度運営費に改定。コスト構造の公開や5年ごとの見直しも図ることとし、多くの銀行が他行宛て振込手数料を引き下げた。一方、元々自行0円・他行も一定回数0円であったアプリ利用の個人顧客、優遇手数料が適用される大口法人顧客は改定影響が相対的に小さかったとみられる。

銀行間手数料が適用されなかった国庫金・公金振込は、2024年10月より内国為替制度運営費が適用予定で、振込手数料引き上げ方向へ見直しが進む。店頭やATMの振込手数料もキャッシュレス進展に伴い引き上げ方向にあるが、銀行間手数料改定との直接的な関係性は低い。

銀証連携

銀行と証券会社による業務やサービスの連携。規制緩和によって日本でも実現。ワンストップサービスで顧客の利便性が向上し、金融機関側も取引層や業務の拡大が期待できる。

我が国では、銀行と証券会社の業務は厳しく分けられてきた（銀証分離）。しかし、1993年の金融制度改革で、銀行と証券会社が子会社を設立して相互参入できるようになった。その後、持ち株会社方式での銀行・証券子会社の保有、銀行による投資信託の窓口販売解禁や株式の取り次ぎ解禁、**ファイアウォール規制**の緩和、役職員の兼務解禁など規制緩和が進んだ。

銀行にとっては、株式、投資信託、債券などの資産運用商品を預金者に紹介し顧客の利便性を向上させることができる。一方、証券会社にとっては、銀行の支店網を利用し新たな顧客層が獲得できる。銀行の融資やM&Aのノウハウを法人営業にも活用できる。

なお、銀行の優越的な地位の乱用や利益相反の弊害など顧客や投資家に不利益が生じないよう、内部管理体制の強化が銀行に課せられている。

みずほフィナンシャルグループでは、みずほ信託銀行を加えた「銀・信・証連携」を進めている。みずほ銀行は全店で金融商品仲介を行い、みずほ証券は全店が銀行代理店である。現在は、リモートも活用した銀信証ワンストップのコンサルティング提供を進める一方、ネット取引での銀信証の一体化も進めている。

三菱UFJフィナンシャル・グループでは、海外でも銀証一体に取り組んでおり、モルガン・スタンレーと協働し、海外企業同士のM&Aなどで主導的な地位を築きファイナンスを実行している。

三井住友フィナンシャルグループでは、三井住友銀行とSMBC日興証券、SMBC信託銀行が銀証信連携を展開している。リテール向けサービスでは、銀行側からは個人顧客の紹介、証券会社側からは資産・事業承継ニーズのある顧客の紹介などがある。

地域銀行では、横浜銀行や静岡銀行などが証券子会社を保有。金融商品ビジネスの拡大を促し、販売手数料収入の確保に努めている。顧客・収益基盤が、グループ外に流出するのを防ぐのも狙いだ。SBI証券や楽天証券などとの金融商品仲介を通じて証券業務を強化する地域銀行も増加してきている。

なお、2022年10月、三井住友銀行とSMBC日興証券の間で、無断で顧客情報を共用するなどファイアウォール規制違反があったとして、行政処分が下されている。さらに、2023年6月には、千葉銀行、ちばぎん証券、武蔵野銀行が、仕組み債を不適切に販売したとして**金融庁**から**業務改善命令**を受けている。こうした不祥事で顧客からの不信感も増しており、ファイアウォール規制のさらなる緩和への逆風にもなっている。また、より慎重な管理態勢の構築による顧客利便性の低下など、銀証連携の推進そのものにも悪影響が及ぶ可能性がある。

我が国において「貯蓄から投資へ」というスローガンが掲げられて久しいが、個人金融資産の現金・預金への偏重に大きな変化はない。ウクライナ危機や米中対立などで、世界経済や金融市場が不安定化するなかで、今後、資産運用において顧客が含み損を抱えたり、損失計上するケースが増えたりする可能性がある。銀行と証券が協働して、いかに市場情報をタイムリーに提供し、リスクを説明していくのか。リスクオフの局面こそ、銀証連携の真価が問われよう。

金融サービス仲介業

2020年の「金融商品の販売等に関する法律」の改正により創設された新業態のことで、銀行・保険・証券のどれか1つに登録することで、全分野での仲介が可能になる。

2020年6月に「金融商品の販売等に関する法律」の改正が公布され、2021年11月1日に施行されることにより、新たな業態として「金融サービス仲介業」が創設された。

従来は、銀行、保険、証券の三分野で契約締結を仲介する場合には、個別登録する必要があったが、金融サービス仲介業では、三分野いずれか1つの登録で全ての分野において仲介が可能になる。また、従来採用されていた分野ごとに特定の金融機関に所属するという所属制も廃止された。

金融仲介サービス仲介業には、「預金等媒介業務」「保険媒介業務」「有価証券等仲介業務」「貸金業貸付媒介業務」の4つの業務が含まれている。また特例として「電子金融サービス仲介業者に対する電子決済等代行業の登録免除」も定められた。これらは「業務を適切かつ確実に遂行するための体制や財産的基礎の条件が整っている」ことが前提とされている。

顧客保護の観点から、リスク低減を目的として、取り扱う商品・サービス範囲は「仲介にあたって高度な商品説明を要しないと考えられる商品・サービス」に限定している。

今まで手がけてこなかった分野におけるサービスの提案により、顧客の幅が広がる点、新仲介業者のうち一定の要件を満たす業者は電子決済代行業の登録も不要になり、提案から決済をオンライン上で一元化できる点、対面を含め様々な事業者が参入できる点などから、注目を集めている。

継続的顧客管理

なりすましや架空名義による不正利用の防止策として、金融機関等が顧客に対して、新規口座開設時だけでなく、口座の利用中も継続的に本人確認を実施すること。

◆背景・概要

FATF(金融活動作業部会)は、**マネーロンダリング(資金洗浄)**やテロ組織への資金援助の防止のために、金融機関の口座等の不正利用排除を求めている。新規口座の開設時の本人確認は、法律により金融機関に義務付けられている。しかし、開設時の確認だけでは口座の不正利用を防げないため、口座開設後も継続的に本人確認を行う必要がある。

こうした考えから、**金融庁**は、2024年3月末までに、全ての口座の顧客情報を取得しリスク評価を行い、これを継続、管理することを求めている。

金融庁は、顧客ごとのリスク評価に基づき、画一的ではなく評価に対応した的確なフォローを求める。

◆手順・手法

手順は以下の通りである。

まず、顧客に対して既存の登録情報(個人顧客の場合は、氏名、住所、生年月日、職業、取引目的、法人の場合は事業所の住所や事業内容、株主情報等)から変更がないかの確認を行う質問票を郵送し返送を求める。

高リスク先の顧客には年1回、中リスク先には2年に1回、低リスク先は3年に1回といった頻度を設定して送付する形となる。

次に回答済み質問票を回収し、回答内容を入力し既存の情報と突合して審査する。

国内取引が多い法人が海外送金を頻繁に行う、学生に多額の入出金履歴がある場合等が疑わしいと目される。

経営者保証改革

中小企業が金融機関から融資を受ける際、経営者が企業の債務返済を保証する経営者保証。2022年12月に経営者保証に依存しない融資慣行の確立の加速へ新プログラムが策定された。

業務、商品・サービス

中小企業などが金融機関から融資を受ける際、経営者やその家族など個人が企業の債務返済について保証することが一般的に行われている。

金融機関の立場からみれば、経営者の経営責任を明確にする狙いがあり、債権回収の確実性を高める効果がある。しかし、借り手が事業に失敗した場合、個人保証があると経営者や家族に返済義務が及び、成長が期待できる事業を計画している経営者でも、借り入れをためらうことが少なくない。このことが、中小企業の活力を阻害しているとの指摘が以前からなされてきた。

2020年4月1日に施行された民法改正法案では、個人が一定の範囲で将来発生する不特定の債務について保証人になる根保証契約は、極度額（上限額）を定めなければ無効となることが定められた。さらに、経営者や、経営者と一定の関係にある者（取締役や従業員として籍を置く配偶者など）以外の第三者による個人保証は原則的に無効とされた。第三者を保証人とする場合には、公正証書の作成が必須とされるようになった。

また、債務の保証を個人に依頼する時は、契約締結段階、保証債務履行前の段階、期限の利益喪失段階の3段階で、主債務者や債権者に情報提供義務が課せられるようになった。主債務者が情報提供をしなかった場合、保証人は保証契約を取り消し、保証債務を免れることができる。

2014年2月からは、中小企業

団体及び金融機関団体共通の自主的ルールである経営者保証に関するガイドラインの適用が先行的に始まっている。このガイドラインは、経営者保証による弊害を除去し、新規の起業や大胆な事業展開、早期の事業再生や清算を促進することを目的としている。これに対応する制度として、日本政策金融公庫では経営者保証免除特例制度が創設された。2018年には、要件の一部が変更となり、日本政策金融公庫との取引がなくても制度の利用が可能になった。

商工組合中央金庫を含めた政府系金融機関のガイドラインの活用実績は、着実に成果として表れている。2022年度における新規融資に占める経営者保証に依存しない融資割合は、件数で52％（前年度47％)、金額で70％（同68％）であった。2014年2月からの累積でも、件数で35％、金額で52％に達している。

ガイドラインでは、①法人個人の分離 ②財務基盤の強化 ③経営の透明性確保という3つの要件を、将来にわたって充足する体制が整備されていることが必要とされている。この3つの要件の全てまたは一部を満たせば、事業者が経営者保証なしで融資を受けられる可能性や、既に提供している経営者保証を見直すことができる可能性がある。

さらに、2020年4月からは事業承継特別保証制度が始まり、3年以内に事業承継を予定する事業承継計画を有する法人は、要件さえ満たせば、事業承継時の大きな阻害である経営者保証を徴求されることがなくなった。

2022年12月には、経営者保証に依存しない融資慣行の確立をさらに加速させるため①スタートアップ･創業 ②民間金融機関による融資 ③信用保証付融資 ④中小企業のガバナンスの4分野に重点的に取り組む「経営者保証改革プログラム」が策定されている。

広告ビジネス参入

2021年に施行の改正銀行法により、業務範囲の規制緩和が実施され、銀行本体による広告業への参入が解禁された。大手行や地域銀行が広告ビジネスへの参入を計画している。

2021年11月に施行された改正銀行法により、銀行の業務範囲や出資規制にかかわる規制緩和が実施された。銀行本体で広告やマーケティング、データ分析などの業務が可能となった。

多くの銀行が広告ビジネスに強い関心を示している。その背景には、①銀行は膨大な顧客属性データを保有しており、精度の高い顧客ターゲティングが可能であること ②広告媒体としてATMや銀行取引アプリはユーザーの注目度や信頼性が高いこと ③ネット広告は急拡大しており、新たな手数料ビジネスとして有望であること、などが挙げられる。このほかに、地元中小企業の広告を取り扱うことにより、地域の活性化が促進される効果が期待できるとの意見もある。今後、サードパーティークッキーの利用規制が導入されると、質の高い顧客属性データを保有する銀行の広告業における優位性が高まるとの見方もある。

銀行は実務ノウハウが乏しいため、外部企業と提携して広告ビジネスに参入する。参入にあたって、三井住友FGは電通、三菱UFJ銀行はサイバーエージェント、住信SBIネット銀行はカルチュア・コンビニエンス・クラブと提携した。野村総合研究所は銀行の広告事業のデータ分析や広告主探しなどの業務の請負を開始する。2023年度中は、野村総研と提携して広告ビジネスへの参入する計画を公表する地域銀行が相次いだ。

口座維持手数料

口座維持手数料とは、金融機関に預貯金口座を持っているだけで、毎月利用者に課される手数料。一般的に普通預金などの決済性口座が対象で、一定の残高があれば免除される。

日本では口座維持手数料を課す金融機関はほとんどないが、海外では一般的な制度である。米国では大手行を中心に約4割の金融機関が導入し、一般的な手数料水準は月額5～20ドル。通常は一定の預金残高(500～2,000ドル程度)があれば免除される。

口座維持手数料が課されない日本では、預貯金口座数は定期性口座も含めると約12億口座もあり、他国に比べても圧倒的に多い。その結果、「休眠口座(預金)」は毎年1,200億円も発生し、こうした不活動口座が犯罪の温床になるとの指摘もある。また、1口座あたりの年間管理コストは2,000～3,000円ともいわれ、金融機関にとって大きな負担となっていることから、日本でも口座維持手数料の機運が高まってきた。

とはいえ、口座維持手数料に対する利用者の反発が大きく、導入は進んでいない。こうしたなか、近年は「未利用口座管理手数料」の導入が進んでいる。一般的に、最後の入出金から2年以上1度も取り引きがないなど一定の要件に該当する普通預金口座に対し、年間1,320円(税込)の手数料が課される。また、一部の大手行では「通帳発行手数料」の徴求も始まった。

こうした取り組みは、海外のように口座維持手数料を収益源とするのではなく、通帳を無くすこと等によりサービスのデジタル化を図り、コスト削減を進めることが狙いだと考えられる。

ことら送金サービス

都市銀行5行が出資する「株式会社ことら」が運営する個人間少額送金サービスで、2022年10月に開始。スマホアプリを使い、携帯番号だけで1件あたり10万円まで送金できる。

2022年10月に個人間少額送金サービス「ことら送金サービス」が開始された。ことら送金は、Bank Pay等のスマホアプリを使い、アプリのユーザー間で簡単に送金が可能。受取人の口座番号と携帯番号がひも付けされていれば、携帯番号を使って1件あたり10万円まで送金できる。

ことら送金では、既存のJ-Debitのシステムインフラを活用しており、システム構築コストが抑えられている。そのため送金手数料は少額になる見込みで、現時点で全参加金融機関の手数要は無料となっている。

サービス開始から1年でことら送金が利用できる金融機関数は207に達し、累計送金額は1,330億円を突破している。

送金手数料の安さが魅力で、国内における個人間送金のインフラになるとの見方が強い。また、既存の全銀システムは主にBtoBやBtoCの決済を担い、CtoCを担うことら送金との差別化が進むとも考えられている。

2020年に公正取引委員会は、40年以上見直されていない銀行間手数料について問題視する報告書を発表した。これを受けて、多くの金融機関が送金手数料の引き下げを行うとともに、さらに安価な個人間送金の検討が行われ、ことら送金として実現することとなった。今や単純な決済サービスでは付加価値が生まれず、「送金手数料ゼロの時代」に突入した。

サブスクリプション

月額料金や年額料金などの一定期間の定額料金（利用料）で、契約期間中に利用者に対して定められた商品やサービスを提供するビジネスモデルのことである。

サブスクリプションは、従来は新聞・雑誌や牛乳などの商品の定期購読や定期購入といった、フロー型のビジネスモデルの意味で使用されていた。

しかし、近年はシェアリングエコノミーの台頭に伴う「所有から利用へ」の消費者の意識の変化や、インターネットビジネスの普及に伴い、一定期間中に定められた商品やサービスを定額で消費者に提供するストック型のビジネスモデルの意味で、使用される機会が多くなってきている。

サブスクリプションの形式で提供される商品やサービスは、一般的に「サブスクリプションサービス」と称され、大きく「デジタル系サービス」（動画、音楽、電子書籍、ゲーム、ソフトウェアなどの定額配信サービス）と「非デジタル系サービス」（自動車、家具・家電、洋服、飲食、子ども用商品などの定額利用サービス）に分類される。

サブスクリプション事業者のメリットとして、一定期間の契約による収益の安定や消費者の囲い込みができる点、消費者の利用実績の情報をマーケティングや新たなサービスへ活用することができる点などが挙げられる。

矢野経済研究所「2022サブスクリプションサービスの実態と展望」によると、国内の一般消費者向けのサブスクリプションサービスの市場規模は、2021年度は約9,615億円であり、2024年度には約1兆2,422億円の規模に増加すると予測されている。

サプライチェーンファイナンス

サプライチェーン・ファイナンス（Supply Chain Finance、SCF）は電子化された発注書や売掛債権を資金化する金融サービス。サプライヤー、バイヤーの双方にメリットがある。

「購買－生産－販売」の一連の供給網（サプライチェーン）には、多くの企業が参加しており、グローバル化が進展するなかでその構造は複雑化している。こうしたなかで、信用力の高い大企業がサプライチェーン全体の資金繰りを効率化する仕組みとして、SCFが世界的に拡大している。

2022年12月末の世界の推計SCF残高は約8,600億ドル、前年比で2割増加したとされている。欧米が全体の約8割を占めているものの、アジアなどの地域でもSCFは急速に拡大している。

SCFではサプライヤーがバイヤーの信用力に基づき資金を調達する。このため、サプライヤーが自ら資金調達する場合よりも低コストの資金調達が可能である。一方、バイヤー側の大企業は、サプライヤーがSCFを利用することを前提に支払い期日を長期化することが可能であり、現金収支の改善を図ることができる場合がある。

SCFは、リーマン・ショック後に取引先の中小企業の資金繰りを支援するため、欧米の大手銀行が開発を始めたとされている。

我が国では、バイヤーの信用力を利用する金融取引として手形割引が伝統的に利用されてきた。しかし、手形の使用は減少しており、2026年度末までに廃止される予定である。こうしたなか、一部の大企業は仕入先企業の資金繰り支援などの目的のため、SCFの検討や導入を開始している。

私的整理

会社更生法、民事再生法、破産法等に基づき処理する法的整理に対し、債権者と債務者の合意に基づき、債務整理、事業再建等を図る方法。内整理、任意整理とも呼ばれる。

◆利点・政策の対応

私的整理は、通常、法的整理よりも迅速かつ低コストで実施できる。また、債務者にとっては倒産の汚名を受けずに済むという利点もある。

他方で、裁判所が関与しないことから手続きが不透明になり、交渉が決裂することも多い。この問題を改善するために、2001年には「私的整理指針」が公表され、法人が債権放棄を受けて再建を目指す条件として「原則3年以内の実質債務超過解消、経常利益黒字化等」が示された。2011年の東日本大震災の後、被災者の住宅ローンの二重債務問題が深刻化し、政府の意向を受け全国銀行協会は同年7月「個人債務者の私的整理に関するガイドライン」を公表し、私的整理を用いた被災者の負担を軽減した。

現在、債権者全員ではなく過半数の同意により私的整理を円滑に実施できるようにする等のための法改正が検討されている。

◆手続き、形態

債務者が法人の場合、事業継続を目指す再建型と法人を解体する清算型に分かれる。

再建型は、過剰債務を抱え資金繰りに窮した企業等について、一定のルールに沿って債務弁済を棚上げし、合意された事業計画・返済計画に沿って弁済を行うものである。

私的整理は、通常、金融機関が主導し非公開でなされる。**中小企業活性化協議会**や地域経済活性化支援機構によるものや事業再生ADRもある。

事業承継

事業承継とは、会社の経営を後継者に引き継ぐことをいう。銀行や証券会社では事業承継ビジネスを強化しており、事業承継に係る不動産仲介など規制緩和要望も出されている。

事業承継には、①親族内承継 ②親族外（役員や従業員など）承継 ③M&A——の3通りがある。中小企業経営者の高齢化と後継者難が深刻化しており、事業承継税制の特例が創設されるなど税制面での対応も行われている。

特に、事業承継時の経営者保証が後継者候補の確保の障害となっている。中小企業庁によると、新規融資で経営者保証のない割合は、政府系金融機関平均が52％、民間金融機関平均は33％と改善傾向にあるが、低水準にとどまる（2022年度）。また、中小企業基盤整備機構によると、事業承継を拒んだ後継者候補のうち経営者保証を理由とした人は、59％に上るという。

中小企業庁では、金融機関と中小企業者の双方の取り組みを促すため、2020年4月より、事業承継時に一定要件の下で経営者保証を不要とする新たな信用保証制度を創設するとともに、専門家の確認を受けた場合、保証料を大幅軽減する施策を導入した。

同年10月には「中小企業成長促進法」が施行された。他の事業者から事業用資産や株式を取得して事業承継（第三者承継）を行う者が、経営者保証がなくてもM&A資金の調達を行えるための保証制度も設けられた。事業承継の円滑化による廃業リスク回避や、中小企業の事業継続の後押しが期待されている。

地方銀行では、後継者問題を抱える取引先に対し、外部専門家と連携しながら、M&A

の相手先の紹介や、事業承継ファンドを通じた資金面の支援等を行っている。また、地方銀行間のネットワークを活用し、県境を越えた事業承継支援も行っており、2022年度の事業承継の支援先数は、前年比4.3%増の4万811先となっている。

例えば、中国銀行では、取引先の円滑な事業承継への取り組みを支援するサービス「ちゅうぎん事業承継計画サポート」を導入している。取引先との対話を重ねることで、①経営に関する現状把握・分析②経営承継に関する課題分析と課題解決の方向性の確認③事業承継計画の策定、を有料で提供している。

銀行や証券会社では、①後継者対策 ②自社株対策 ③相続対策を柱に事業承継ビジネスを強化している。後継者対策では、早い時期に後継者を決め自社株の計画的な売買・贈与などにより後継者に移転する必要がある。自社株対策では、非上場企業株式で高い評価となる場合には、自社株の評価額引き下げ対策が必要となる。相続対策では、経営者に相続が発生した場合、自社株の評価額が高くなり多額の相続税が発生したり、相続人の間で自社株が分散し経営基盤が不安定になるため、遺言などで後継者に自社株が集中する対策が必要となる。

事業承継では、不動産売買や遊休地の有効活用など不動産を含む総合的な金融サポートニーズも高まっており、これら不動産仲介業務を銀行本体でできるようにすることも検討課題として挙げられよう。

また、事業承継では株価算出、相続税額・贈与税額の算出が必要となるが、規制上、銀行は相談を受けても対応ができない。税理士資格を有する銀行員が税理士業務を行えれば、銀行でスキーム提案、クロージングまでをワンストップで対応可能となり、規制緩和要望が出されている。

事業性評価

銀行の融資担当者が、銀行店舗内で融資先企業の財務データ等を定量評価する従来の審査から、現地で事業内容等の定性情報を聞き取り、多面的に企業を評価する取り組み。

◆次世代型法人融資の枠組み

金融制度改革により、企業の資金調達の直接金融化が進行して久しい。しかし、現実問題として、マーケットで公募増資や社債発行を行える企業は上場企業でさえ一部の企業に限られる。主要先進国においても、こうした直接金融市場を用いる企業と、銀行融資に依存する企業の二極化の常態化が顕著である。換言すれば、これからの社会経済においても、中堅企業や中小企業の主たる資金調達手段は銀行融資であり、間接金融が、大半の企業ファイナンスを担う仕組みが続くことになる。

中小企業庁によれば、直近の2021年の全国の民間企業数は358万社であり、その99.7%が従業員数300人未満の中小企業である。過去の銀行の企業融資では、ともすれば、融資先企業が担保を保有しているか、または債務保証がなされているかにより、融資の可否を判断するケースが多数に上っていた。事業性評価による法人融資は、これら350万社を超える中堅・中小企業の事業を適切に評価することで、担保や債務保証がない企業でも、資金調達が困難化することなく、成長が妨げられない仕組みの1つである。

借り手企業の財務情報に過度に依存する融資審査の問題点は、審査業務が融資先企業の現場軽視につながり、銀行にとっても有益な収益機会を喪失していたことである。財務情報と担保・債務保証の有無は、与信審査の費用効率化と信用リスク管理という点では、昭和・平成の時代には適切な業務プロセスであった。

他方、現代の銀行の情報系システムでは、財務情報と担保・債務保証の有無だけの与信判断は、システム上で一瞬のうちに解答が導かれる。ここにバンカーの定性情報収集というオンサイト情報を加えることで、さらなる融資先企業の成長と銀行の収益性強化をもたらす試みが、事業性評価融資である。

◆業種別支援の着眼点

事業性評価融資は、銀行ごとにそのプロセスが異なり、また業種別でも結論も異なる点が、銀行にとって将来の競争力の源泉となる。例えば、平成の時代までは、与信判断においてほぼ意味をなさなかった融資先企業の経営理念は、事業性評価では、有力な情報となる。その理由は、ビジネスにおいて明確なビジョンや社会貢献のあり方を定めることは、長期的な視座を持つ経営を進めているか否かの重要な情報となるためである。

また、事業性評価のマニュアルを各銀行内で作成して、若手行員にこれを徹底させることは、将来の地域金融の担い手となるバンカーの育成にも貢献する。地方都市の場合、地場企業の他社との競合環境、製品競争力、比較優位の源泉が何であるのかを、業種ごとに銀行側が把握することは、地域全体の資金循環の円滑化に資することは間違いない。

もちろん、事業性評価融資も万能ではなく、担保や保証がない融資は、銀行側に大きな貸倒損失をもたらすケースもたびたび発生し得る。しかし、この次世代型法人融資の利点は、多数の金融機関がそれぞれ異なる事業性評価のノウハウを今後、構築することで、金融機関の間での競争が働き、さらには他の金融機関の成功モデルケースに学ぶことが可能になる点である。

事業成長担保権

金融審議会が発表した、企業の技術、事業ノウハウを担保とする銀行融資を後押しする制度。今後の立法化により企業の成長後押しと経営困難企業の再生が期待される。

銀行融資の1つの特徴は、融資時の不動産担保の過度な重視である。特に、新産業の担い手である情報通信サービス業者の場合、生産設備を持たないことから、多くの企業が銀行融資を受けにくい状況にあった。また、従来型の固定資産を担保とする融資では、企業が経営不振に陥った場合、事業転換による経営改善を、ファイナンス面から後押しすることが困難であった。こうした状況を受け、金融審議会では将来性や事業ノウハウなどの担保設定が可能となる制度設計が検討されてきた。

金融審議会で検討されてきた事業成長担保権は、企業が持つ技術のみならず、将来性や事業ノウハウなどの担保設定が可能となる制度である。

今後に高い成長性が見込まれる企業は、さらなる銀行融資を呼び込むことで生産能力増強が可能となる。他方、企業の将来性を担保とするこの制度の場合、銀行は融資先企業の経営が行き詰まるか否かの早期警戒情報の入手が可能となる。このため、新制度では、銀行が借り手企業に経営改善措置を早めに促すことも期待されている。

不動産担保を過度に重視する企業融資は、銀行から、融資先企業の事業内容を精査する動機を長らく喪失させてきた。その意味では、新制度の法制化は、銀行の審査能力の増強により、銀行融資が再びあらゆる企業に重要視される時代をもたらすことが期待されている。

実質的支配者情報

株式会社の実質的支配者に関する情報を登記所に届け出し、これを活用してマネーロンダリング（資金洗浄）やテロ組織への資金援助等の法人の悪用を防ぐための制度。

◆趣旨・背景

2022年1月31日、「商業登記所における実質的支配者情報一覧の保管等に関する規則」が施行されたことで、株式会社の実質的支配者に関する情報を、法務局が把握できるようになった。その目的は、**マネーロンダリング（資金洗浄）**やテロ組織への資金援助などの法人の悪用を防ぐために、必要に応じて金融機関へ情報提供を行うことにある。

株式会社及び特例有限会社が、実質的支配者に関する情報を記載した書面を添付書類とともに商業登記所の登記官に提出する。登記所は、その内容を確認し、保管し、金融機関等の求めに応じて、認証文付きの写しを無料交付する。

背景には、FATF（金融活動作業部会）がマネーロンダリングやテロ資金供与の防止のために法人の実質的支配者を把握することを勧告してきたこと、金融機関からの要望が高まってきたこと、などがある。

◆対象・活用法

実質的支配者とは、会社の議決権総数の25％を超える議決権を有する自然人（国、地方公共団体、社団・財団、上場企業及びその子会社を含む）と定義される。このため、多くの親会社は子会社の実質的支配者にあたる。

実質的支配者リストは、主に金融機関が、なりすましや偽りなどの疑いがもたれる取引について申告された実質的支配者と顧客等の関係確認に用いることが想定される。

資本性借入金・資本性劣後ローン

倒産した際の弁済順位が一般債権より劣後する扱いとされるローン。資本的な性格を有するため、財務分析の際には自己資本としてみなされる。

ローンのうち返済が劣後する部分はメザニン、返済が優先される部分はシニアと呼ばれる。資本性借入金・劣後ローン（以下、資本性劣後ローン）は、メザニンローンないしメザニンファイナンスと呼ばれる場合もある。

資本性劣後ローンは借り手企業の貸借対照表上には負債として計上されるものの、金融機関の評価に際しては資本として扱われる。原則として、期日一括返済であり、通常の長期融資のように毎月分割返済する必要がない。金利は業績連動であり、株式配当と同様に業績好転時に引き上げられる。一般の融資に比べ回収リスクは大きい。審査は通常よりも慎重に行われる。

日本政策金融公庫は、新型コロナ対策資本性劣後ローンを取り扱った。2022年以降、日本政策金融公庫と信用金庫が資本性劣後ローンの協調融資商品を創設し、融資と並行して経営コンサルティングを実施し、経営再建を支援する取り組みが活発化した。

民間銀行もプロパーの資本性劣後ローンを実行している。コロナ禍後に、大手行は航空会社などに対し資本性劣後ローンを提供した。

2023年に、三菱UFJ銀行は、三菱商事子会社が運営するファンドに資金を拠出して、不動産資本性劣後ローンの取り扱いを始めた。銀行融資とファンドの劣後ローンを組み合わせることにより、プロパー融資が困難な資金需要に柔軟に対応する計画である。

震災時元本免除特約付き融資

震災時元本免除特約付き融資とは、大規模地震発生時に借入金の元本が免除となる融資であり、地震リスク対策、事業継続計画の一環として利用されるものである。

震災時元本免除特約付き融資とは、大規模地震が発生した場合に、あらかじめ決めた割合で元本が免除される特約が付与された融資のこと。主な商品特性は以下の通り。

震災時元本免除特約付融資を利用することで、大規模地震が発生した時には元本が免除になり「債務免除益」が計上できることから、建物、設備等の直接被害だけではなく、サプライチェーンの分断等による間接的な損害などに対して、決算上の損失相殺効果が期待できる。

また、既存借入金の元本が減少することで、借入余力が発生する場合が多く、企業の復興に向けての資金調達が可能になる利点もある。

東日本大震災以降、全国で地震が相次いで発生している。大地震が懸念されている地域の銀行などを中心に相次ぎ取り扱いを開始しているが、近年の地震増加傾向を背景に2021年度以降、融資額が急増している金融機関もある。

（主な商品特性）

資金使途	事業性資金（地震対策資金以外の資金使途も可能）
融資金額	金融機関によるが、3000万円程度から10億円程度以内が多い
融資期間	5年以内が多い
返済方法	期日一括返済
震度観測点	地銀の営業エリア内の主要地点数カ所
免除条件	直接被害、間接被害の有無を問わず、震度6以上の地震発生
免除額	元本の50%または100%

人材紹介業務

規制緩和（監督指針改正）に伴い、従来の金融業務に付随するサービスとして金融機関による人材紹介業務が認められ、特に地域金融機関の参入が拡大している。

2018年3月、**金融庁**による監督指針改正により、地域金融機関等において、取引先企業に対する人材紹介業務が銀行業に付随する業務として可能な旨が明確化された。2021年5月の銀行法改正では業務範囲規制が見直され、登録型人材派遣業務について銀行本体で実施することが可能となるなど、銀行が人材紹介・派遣業務へ参画しやすい環境が整備された。

これらの規制緩和にあわせて、多くの地域金融機関が取引先企業への人材紹介業務に参入している。厚生労働省によれば、2022年9月時点で、地方銀行（地方銀行と第二地方銀行）99行のうち有料職業紹介業の許可を受けている銀行は87行となり、全体の約9割が同業務に進出している。

企業の事業環境が厳しさを増すなか、人手不足や後継者難、生産性向上や販路拡大をはじめとする事業課題解決には多様な人材の活用が不可欠となっており、外部からの人材面での支援が強く望まれている。金融庁が行う企業アンケート調査によれば、「経営人材が不足」している企業は66.6％（2021年調査）にのぼり、企業が「今後金融機関から受けたい経営改善支援サービス」のうち、「手数料を支払ってもよい」サービスとして「経営人材の紹介」が48.3％と最も高い（2022年調査）。

こうした環境を踏まえれば、金融機関は、企業が必要とする経営人材ニーズを顕在化させることができれば、人

業務、商品・サービス

材紹介へと結びつけられる可能性が十分にあると考えられる。金融機関にとって、人材紹介は取引先に提供するソリューションの一部であり、支援を通じた手数料収入につながるだけでなく、人材紹介を通じて取引先の経営課題を解決し事業成長を後押しすることで、金融機関自身の経営基盤の強化にもつながる。

一方、国も、規制緩和にあわせて、地域金融機関等の人材紹介機能の強化や大企業から中堅・中小企業への人の流れの創出などを後押しする支援策を用意している。

金融庁の「地域企業経営人材マッチング促進事業」では、地域企業での活躍を考える大企業の社員等と経営人材の採用ニーズを有する中堅・中小企業を地域金融機関等がマッチングするための人材プラットフォーム「**REVICareer（レビキャリ）**」が整備され、2021年10月から稼働している。

内閣府は、地域での人材マッチングマーケットを創出し、地域企業の成長・生産性向上、地域経済の活性化を実現するため、「先導的人材マッチング事業」を実施しており、2022年は119の金融機関（グループを含む）が参画している。

また、46道府県では、「プロフェッショナル人材戦略拠点」が設置され、地域金融機関と連携し、潜在成長力ある地域企業に対し、経営戦略の策定支援とプロフェッショナル人材活用のための支援活動を行っている。

地域金融機関が人材紹介業務を拡充する上での課題も多い。例えば、金融機関は、企業の人材不足に対し、期待するスキル・経験を有する人材の紹介を行う必要があるが、金融機関自身も人材紹介業務を専門に任せられる人的リソースが十分ではないことも少なくない。今後は外部から専門知見のあるスタッフの中途採用を強化するなどの対応が求められる。

ゼロゼロ融資

コロナ禍の影響を受けた企業の資金繰り対策として、政府が導入した民間金融機関による実質無利子・無担保の融資。既に受付は終了し、2023年1月からコロナ借換保証制度が開始。

新型コロナウイルス感染症拡大を受け、2020年5月、政府は企業の資金繰り対策等を目的とした緊急経済対策を導入した。この対策では、政府系金融機関による無利子融資及び「ゼロゼロ融資」と呼ばれる民間金融機関による実質無利子・無担保の融資制度が創設された。

ゼロゼロ融資は都道府県等による制度融資に基づき取り扱われ、融資限度額は4,000万円、融資期間10年。一定条件のもと当初3年間は利子補給で実質無利子となり、信用保証料も国が負担し、ゼロまたは2分の1に減免。

民間金融機関が行うゼロゼロ融資は2021年3月末で、日本政策金融公庫及び商工中金による実質無担保・無利子融資は2022年9月末で新規受付を終了。**財務省**によると、信用保証協会による民間金融機関向けの保証承諾額は35兆5,000万円に達した。

こうした金融支援の結果、2021年の倒産件数は6,030件まで低下したが、一方では中小零細企業の過剰債務問題など、ゼロゼロ融資等による弊害も指摘されている。帝国データバンクによると、「ゼロゼロ融資後倒産」は、2023年1～9月に468件発生（前年同期比約1.7倍）し、累計は1,036件となった。

政府は、ポストコロナにおいても業績が回復していない企業に対し、「コロナ借換保証制度」を2023年1月から開始し、企業の返済負担の軽減を図っている。

地域商社

地域産品の販路開拓・ブランディングなどで収益を確保し、そこで得た知見・収益を生産者に還元する事業を営む会社。信用力等で強みを持つ地域金融機関の参入が相次いでいる。

内閣府では、地域の優れた産品・サービスの販路を新たに開拓することで、従来以上の収益を引き出し、そこで得られた知見や収益を生産者に還元していく事業を「地域商社事業」として奨励している。

地域経済の要である地域金融機関に対しては、地域事業者と一体となって地域商社の設立・支援に取り組むことが期待されているにもかかわらず、事業会社への出資上限は原則5%とされていた。

このため、2016年5月の銀行法改正により、地域商社に対して5%超の出資ができるようになったが、規定があいまいだったため、2019年10月に監督指針が改正され、金融機関の付随業務であると明確化された。事業範囲は、商品開発・販路拡大などが対象とされたが、製造・商品加工については除外された。

また、2021年5月の銀行法改正により、地域産品販売など地域経済に寄与する非上場企業には、100%出資が可能となった。さらに、地域商社事業が**銀行業高度化等会社**の対象となったことから、一定の要件を満たせば個別認可不要（届出制）となった。

地域金融機関は、自らのノウハウやネットワークを活用し、地域商社事業を行うことで地域課題の解決を目指しており、2023年10月末時点で、31地域銀行が30社、7信用金庫が7社、信用金庫の中央金融機関である信金中央金庫も1社を設立、今後も地域商社事業への参入が予想される。

地公体取引（指定金業務の見直し）

指定金融機関制度創設から約60年を経て、金融市場環境や地域経済社会の構造が変化した。金融機関は地方公共団体と新たな関係を築き、連携を模索することが求められる。

指定金融機関（以下、指定金）とは、地方自治法上、地方公共団体（以下、地公体）が議会の議決を経ることによって、金融機関のうちから1機関を指定し、当該地公体の公金の収納及び支払いを取り扱わせることを指しており、1964年に制度が創設された。

指定金は、税金や各種使用料・手数料の納付を企業・住民から受け付けたり、地公体の行政活動に伴う経費を取引企業などに支払う等の業務を担っている。指定金は、地公体ごとに1つの金融機関に限られており、都道府県はその指定が義務付けられている一方、市町村は任意である。

従来、金融機関が指定金に指定されるメリットには、地域を代表する金融機関として自らのステータスを高め、地域住民・企業からの信頼感の獲得、長期的かつ安定的な預金・貸付取引の確保、地公体の職員との個人取引の拡大、などがあった。一方で、長年に渡り地公体が支払う税・公金収納業務に関する手数料が無料または低水準に抑えられてきた。

1990年代半ば頃までは、役務取引自体の赤字を資金取引の黒字で補い、地公体向け取引全体の採算性を維持することができた。だが、1990年代後半の地方財政悪化や金融自由化の流れのなかで指定金における資金取引の採算が悪化し、役務取引自体で発生する赤字を資金取引の黒字で補う構図が成り立たなくなった。

2000年代には、全国地方銀行協会などが地公体との取引条件等の見直しを求めるようになった。2010年代に入り、一連の金融政策による金利の一層の低下も受け、金融機関の経営環境の厳しさが増すようになった。2010年代終盤には、多くの金融機関が指定金業務へのスタンスを再考せざるを得なくなり、一部で指定金を辞退する動きもみられた。

足もとにおいては、全国銀行資金決済ネットワークで内国為替制度運営費が2021年10月に創設され、従来は無料だった公金支出に係る銀行間の手数料が、2024年10月から1件62円に変更される予定となっている。指定金にとってはコスト増加につながるため、地公体との取引条件に適切に反映する必要がある。各指定金は地公体と条件の見直しについて交渉を重ねているほか、総務省も2022年3月、地公体に対して指定金と適正な負担関係になるような見直しを要請する通知を発出している。

指定金と地公体の関係は、制度創設から約60年を経て、金融市場環境や地域経済社会の構造の変化とともに移り変わり、新たな段階に入る兆しがみられている。

そのようななか、例えば、内閣府が後押しする地方創生SDGs金融の枠組みを通じた、地公体と地域金融機関の連携による地域事業者の支援事例や、地域金融機関が地公体の**グリーンボンド**やグリーンローン等の資金調達支援を行う事例が観察されている。

金融市場環境や地域経済社会の構造変化は今後も続くことが想定される。しかし、地域金融機関と地公体が地域経済社会にとって不可欠な存在であることは不変といえる。

金融機関が経済合理性も確保しながら地域経済社会の発展に貢献するためには、これまでの地公体との関係も生かしながら、様々な分野での連携を模索することがますます重要になろう。

店舗の外部賃貸

従前は、銀行店舗等の遊休不動産を外部に賃貸することが認められていなかったが、公共主体から要請があった場合に限り、遊休スペースを有効活用することが可能となった。

銀行の保有不動産は、駅前や繁華街等の好立地に所在し、建物も頑強で駐車場を併設していることが多いなど、立地・ハードの両面で優れた特性を有している。同地での空きスペースを外部に賃貸できれば、銀行はさらなる収益を得ることができるため、銀行店舗の空きスペースを外部に開放して有効活用し、町のにぎわいや来店者の増加につなげる取り組みが地域金融機関を中心に広がっている。

銀行が保有する自社不動産の賃貸に関して、**金融庁**の監督指針に「賃貸等の規模が当該不動産を利用して行われる固有業務の規模に比して過大なものとなっていないこと」という要件があるため、従来は店舗の外部賃貸に慎重な姿勢であった。それを、2017年9月の監督指針改正により、公共的な役割を有していると考えられる主体からの要請があった場合、地方創生や中心市街地活性化の観点から柔軟に解釈できる旨を明確化し、銀行の保有不動産の有効活用を後押しする姿勢に転換した。

これにより、地域金融機関のビル等で、遊休スペースを使って銀行店舗の一部にカフェや飲食店、保育所、ホテル等を運営する事例などが増えてきている。しかし、全国地方銀行協会などが要望している不動産仲介業務が禁止されているほか、銀行が保有不動産を賃貸する場合、監督指針の要件を満たしていることを検証できる体制を整える必要がある。

電力事業参入

地域銀行による電力子会社の設立など電力事業参入が増えている。再生可能エネルギーの発電と供給などを通じて、地域社会における脱炭素化の促進を目指している。

2021年の銀行法改正を伴う規制緩和により、地域銀行は子会社を活用した幅広い業務への参入が可能になった。**金融庁**から「地域活性化や持続可能な社会の構築に資する」として「他業銀行業高度化等会社」の認可を受ければ、様々な事業を営む子会社を持つことができるようになった。

政府が2050年までの「カーボンニュートラル」達成を目指すなか、地域銀行では、地域の脱炭素化をけん引するため、電力子会社を設立する動きが増えている。

2022年7月、山陰合同銀行が電力子会社「ごうぎんエナジー」を設立したのに続き、常陽銀行が電力子会社「常陽グリーンエナジー」を設立している。茨城県内を中心に、再生可能エネルギーを電力会社に売電するほか、地域の事業会社にも供給して脱炭素化を支援する。電源取得のため、3年で約50億円を投資する予定である。2022年10月には、八十二銀行が「八十二Link Nagano」を設立。2023年3月には、栃木銀行が「クリーンエナジー・ソリューションズ」を、同年4月には、ちゅうぎんFGが「ちゅうぎんエナジー」、千葉銀行が「ひまわりグリーンエナジー」を設立している。

地域銀行は、人口減少や低金利、ネット専業銀行などの進出で先行きが厳しいなか、銀行本体以外の業務に対する期待は大きい。子会社としていかにして事業を軌道にのせ黒字化し、収益に貢献していくかが今後の課題である。

ファイアウォール規制

ファイアウォールとは、利益相反や不正取引を防止するなどの目的で、主に銀行・証券間における顧客の非公開情報共有を禁止し、情報の隔壁をつくる規制である。

ファイアウォール規制とは、**金融商品取引法**で定められている規制で、金融業界における利益相反や不正な取引の防止、優越的地位の濫用防止、顧客情報の適切な保護などを目的に、銀行業務と証券業務との間に情報隔壁をつくり、主に銀行・証券会社間における顧客の非公開情報などの共有を禁止する規制である。

1993年の銀行・証券相互参入解禁に伴い導入された。ファイアウォールを導入する一番の目的は、金融機関と顧客の利害が衝突する利益相反を防止することにある。例えば、銀行が融資を行う際に得た企業の内部情報が証券を売買する部門に伝わることによって、融資対象となる企業との間に利益の相反が起きる可能性がある。

銀行・証券会社間の顧客の非公開情報については、2008年に見直しが行われ、顧客の事前同意を得る「オプトイン」から、あらかじめ顧客に情報共有の旨を通知し、顧客が共有を望まない場合に情報供給停止を求める機会を提供することで、同意を取得したとみなし、顧客の事前同意を不要とする「オプトアウト」が導入された。しかしオプトアウトは、負担や利便性がオプトインと大差ないなどの理由で、銀行・証券会社での採用が限定的であった。そのため、顧客に総合的な金融サービスの供給ができていないことが問題視されていた。さらに欧米にはない情報共有の禁止規定が過剰と捉えられ、日本が国際金融センターとしての魅力を向上させる阻害要因になっていることも指摘された。

2021年6月、金融審議会市場制度ワーキング･グループは、投資銀行業務や大企業向け商業銀行業務に相当する部分において、情報授受に関する規制について大胆な見直しを行うことなどを提言した。

これを受けて**金融庁**は、ファイアウォール規制を見直す内閣府令・監督指針等の改正を公表し、金融商品取引業等に関する内閣府令（金商業等府令)、金融商品取引業者等向けの総合的な監督指針（金商業等監督指針)等が、2022年6月22日から施行･適用された。主な見直し事項は次の3点である。

①顧客等の非公開情報の共有規制に関し、上場企業等に対して新たに簡素なオプトアウトが導入された ②オプトインの簡素化も求められ、顧客が非公開情報の提供について同意する手続きについて、電磁的記録による同意も認められた ③改正前の監督指針では、非公開情報を用いて業務を行う部門を兼職している役職員は、いずれか1つの法人等をホームベースとし、ホームベース以外の法人等が管理する非共有情報にアクセスすることは認められない「ホームベースルール」があった。改正後はこのルールは撤廃された。一方、銀証双方について、情報管理・利益相反管理・優越的地位の濫用防止の観点から、下記の3点の弊害防止措置が強化された。①顧客等に関する情報へのアクセス及びその利用は、業務遂行上の必要性のある役職員に限定されるべきという「Need to Know原則」が明記された ②銀行である登録金融機関とその職員に対しても、法人関係措置に基づく有価証券の自己売買の禁止が課された ③「チャイニーズウォール」の構築等、法人関係情報を利用した不公正な取引を防止するための措置が導入された。

ファミリービジネス支援

ファミリービジネスを所有する一族と一族事業が支え合い、ともに持続的な成長を果たす関係の構築に向けた支援を指す。新たな事業承継対策の手法として注目され始めている。

従来のファミリービジネスの**事業承継**では、一族の持つ株式や不動産、現預金などを税務の観点から効率的に後継世代へ承継することに偏った手法が取られてきた。しかし、ファミリービジネスを所有する一族は、事業そのものが一族固有のアイデンティティともいうべきものであり、一族の個々のメンバーの持つ知識や経験、人脈などの目に見えない資産や、一族が総有する世間から受ける信用や尊敬が、一族事業の持続的競争力の源泉となっている。

こうした一族の有する恩恵を後継世代に確実に承継するには、ファミリーガバナンス（＝一族の統治体制）の整備が求められる。具体的には、一族の理念や教育方針、一族事業への関与方針などを、一族の総意に基づいた一定の規範にまとめることが必要である。そして、後継世代は、一族とファミリービジネスの環境変化にあわせ、一族のガバナンス規定を継続的に改訂しながら柔軟に運用する責務（欧米では、これをHolisticアプローチと呼ぶ）を担うことになる。その手法として、家族憲章に基づく一族の規定づくり、一族会議体を通じた一族への浸透、ファミリーオフィスによる単なる資産運用を超えた包括的な一族支援などが挙げられる。

このような仕組みづくりを提案・構築し、その継続的運用の支援を一族の視点で伴走できるプロフェッショナルへのニーズが高まりつつある。

フィデューシャリー・デューティー

金融商品の組成・販売に携わる金融機関に課せられた、顧客に対する責務。日本では、金融庁が「顧客本位の業務運営に関する原則」を定めている。

直訳は「受託者責任」。国内では「顧客本位の業務運営」と解されている。資産を預かる受託者が顧客の利益を第一に考えて行動する責務を示し、欧米の金融界では浸透している。

日本の原則は、2017年に策定された。①顧客本位の業務運営方針の策定・公表 ②顧客の最善の利益の追求 ③手数料の明確化──など、7項目で構成されている。

顧客のためになる商品・サービスを提供する金融機関が自然と顧客に選ばれる環境を作るため、**金融庁**は金融機関に対して自主的な原則の採択を求めている。利用者が金融機関を比較できるようにするため、投資信託や外貨建て保険については運用損益別の分布状況などを表す共通指標も設け、公表を促している。利用者が理解すべきリスクを説明する「重要情報シート」を使った勧誘も重要となる。

こうした動きの背景には、金融機関が顧客の意向に沿わず手数料を稼ぎやすい商品の販売に傾注し、問題視されるようになった経緯がある。2022～23年には、多くの金融機関が複雑でリスクが高い仕組み債の販売に取り組んできた実態が明らかになった。

2024年以降、原則は銀行や証券会社だけでなく、幅広い金融事業者や企業年金などにも適用される。特に、企業年金は加入者の従業員に対する受託者責任を果たすことを求められ、運用高度化や情報開示の充実が必要になる見通しだ。

フォワードルッキング引当金

金融検査マニュアルが廃止されたことで、本邦金融機関においても、将来予測を踏まえて貸倒引当金を算出する「フォワードルッキング引当金」の導入が進むとみられる。

将来の経済状況の予測などを引き当てに反映する「フォワードルッキング引当金」は、IFRS（国際会計基準）では2018年から、米国会計基準では2020年から適用されている。IFRSでは、過去の事象、現在の状況、将来の経済状況の予測について、合理的で裏付け可能な情報を反映する必要がある、としている。

例えば、経済成長率、インフレ率、失業率などの将来予測をいくつかのシナリオに分けて行い、各シナリオに加重をつけた上で、デフォルト率や予想損失額に反映することになる。金融機関は、将来予測をどのように構築したのか、そのプロセスも含め、詳細な開示も求められている。

我が国では、2019年末に**金融庁**「金融検査マニュアル」が廃止され、金融機関は貸倒引当金について、過去の貸倒れ実績だけではなく、足元や将来の情報を引き当てに反映することが求められている。フォワードルッキング引当金はメガバンクで導入が進み、地域銀行にも広がっている。

金融機関は、予期せぬ経済混乱や金融危機にも備えるため、貸倒引当金を平時から保守的に積み上げる必要がある一方、過度な積み上げは、業績や自己資本にはマイナスとなる。健全性と収益性を両立しながら、適切な将来予測に基づいて引き当てをすることが求められる。金融機関で巧拙の差が大きくなり、業績や自己資本比率への影響度合いの差も鮮明になろう。

弊害防止措置

銀行等による保険販売の全面解禁に伴う弊害を防止するための措置。保険募集制限先規制、担当者分離規制、タイミング規制、非公開情報保護措置等がある。

2007年12月、銀行等による全ての保険商品の募集が解禁された。

その際、解禁の弊害に関するモニタリング結果を踏まえ、保険契約者保護や利便性の観点から、下記の弊害防止措置が定められた。

①融資先募集規制：事業性資金の融資先に対し、一定の保険商品（一時払い終身保険、一時払い養老保険、積立傷害保険、積立火災保険、事業関連保険を除く）について、手数料を得て保険募集を行ってはならない。

②タイミング規制：事業性資金の融資申込者に対し、融資先募集規制の対象保険商品の募集を行ってはならない。

③担当者分離規制：事業に必要な資金の融資に関して、顧客と応接する業務を行う者は、融資先募集規制の対象となる保険商品の募集等を行ってはならない。

④融資先担当者規制：融資先の従業員等を保険契約者とする保険契約の金額を、一定額以下にすること。

⑤保険商品と預金との誤認防止：顧客が当該説明内容を理解したことについて、書面を用いて確認すること。

⑥非公開金融情報の保険募集業務への利用：顧客の事前の同意を要するが、当該同意を取得する際には保険勧誘の手段、利用情報の範囲、同意撤回の方法等を明示すること。

⑦住宅ローン関連保険の募集：当該保険加入がローンの条件等の銀行取引に影響がないことを、顧客に対し書面によって説明すること。

ベンチャーデット

エクイティ（資本）とデット（負債）の双方の性質を持つ資金調達手段の総称。スタートアップ企業の資金調達として利用され、金融機関は新株予約権の割り当てを受ける。

急成長を目指すスタートアップやベンチャー企業は、キャッシュフローの実績や担保に基づく通常の融資が困難である。ベンチャーキャピタルからのエクイティ調達は返済義務がなく、事業が軌道に乗るまで配当を支払わなくて済む。しかしながら、エクイティ調達は経営者が保有する株式を希釈化するデメリットがあり、投資家は将来、多額のキャピタルゲインを期待するため、資本コストは高い。

ベンチャーデット（Venture Debt）はエクイティ調達のデメリットを避けつつ、デットによる調達を可能にする資金調達手法である。具体的には、新株予約割り当て権が付与される融資や社債の発行がある。金融機関は新株予約権の割り当てを受けることにより、株式公開時に権利を行使してキャピタルゲインを得ることが可能である。この仕組みにより、通常の融資が困難なハイリスク先への与信が可能となる。ベンチャーデットの主たる返済資金は、近い将来にベンチャーキャピタルから調達するエクイティである。スタートアップ等は、次回エクイティまでに必要な資金をベンチャーデットにより機動的に調達できるようになる。

2023年にメガバンクは相次いでベンチャーデットファンドを設立し、大手地銀もベンチャーデットに参入した。今後、ベンチャーデットの拡大が立ち遅れていた我が国の新興企業の育成を促進することが期待される。

ペット保険

ペット保険とは、ペットが病気やけがで治療を受けた時に、治療費などを補償するための保険。生保市場が成熟するなか、保険会社はペット保険に相次いで参入している。

ペットの医療費は全額飼い主の負担となるため、高額になりがちな治療費の負担を軽減する役割を持つのがペット保険である。市場規模は3年間で5割伸び2023年3月時点で1,000億円を超える。

市場拡大の背景にあるのが近年のペットブームである。コロナ禍による対人コミュニケーションの減少や在宅時間の増加で、2022年の犬の新規飼育頭数は約42万頭と過去10年で最高となった。ペットの平均寿命が拡大していることや、ペットが家族化することで、できる限り治療をしたいという飼い主は多い。このため、ペットの治療費は年々増加しており、万一の費用負担に備えるペット保険に対するニーズも高まっている。

生命保険市場が成熟するなか、保険各社は相次いでペット保険への参入を進めている。2022年7月にチューリッヒ少額短期保険がペット保険の販売を開始した。第一生命HDは2023年3月、ペット保険大手のアイペットHDを完全子会社化し、東京海上日動火災保険も同月、最大手のアニコムHDと資本業務提携した。オリックス生命は2023年4月にペット保険の通信販売を始めた。ペット保険を通じて飼い主やその家族との接点も獲得できるため、保険会社は主力商品を提案する糸口としても期待している。

日本のペット保険加入率は1割程度と海外と比較して低く、ペット保険は今後も拡大が続くと見込まれている。

ポイント運用の多様化

キャッシュレス決済などで付与されたポイントに利息が付くものや株価などに連動して増減するもの、実際の投資信託などを購入できるものなど、多様な運用サービスの出現を指す。

近年キャッシュレス決済やポイントサービスが定着してきたことを背景に、各社が展開するポイント運用サービスが拡大、多様化している。

運用方法としては、①ポイントそのものが投資信託などに連動して増減するポイント運用 ②ポイントで実際の投資信託などを購入するポイント投資などが主なものとして挙げられる。

①は証券口座の開設なしに手軽に投資の疑似体験ができることから、資産運用の心理的ハードルを下げる効果が期待される。②はポイントが実質現金化される点で①とは異なり、口座開設が必要となるが、買い物のおまけとして獲得したポイントで100ポイントなどの少額から手軽に証券投資を始めることができるため、長年家計の金融資産の半分以上を預貯金が占める日本において、投資未経験者や若者層を証券投資に取り込むトリガーとしての期待が高まっている。

さらに、積み立て投信をクレジットカード決済で購入することで購入額の数%がポイントとして還元されるサービスも導入されつつある。

「ポイ活」という言葉が生まれ、ポイントを貯めて積極的に活用することがこれまで以上に注目されている。クレジットカード会社や証券会社などを中心にして、顧客満足度を向上させつつ、自社サービス経済圏に顧客を囲い込む取り組みとして、ポイント戦略が検討、実施されている。

「法人の終活」と金融機関による支援

法人の終活とは、株主でもある経営者が事業承継や廃業等によって会社を手放す準備をすること。社会問題の解決と経営者サポートの両面で、金融機関の支援が期待される。

法人の終活は、**事業承継**やM&Aによって会社の存続を図る「積極的終活」と、債権者や従業員など関係者に迷惑をかけないよう、入念に準備して廃業や清算をする「手仕舞い的終活」とに大別される。いずれのケースでも業績の悪化などによって仕方なく行動を起こす前に、適切な判断を下して能動的なアクションを取ることが大事である。なお、倒産や破綻といった最悪のケースは終活の失敗例といえる。

多くの中小企業が、後継者不在のまま廃業予備軍となっているという社会問題を解決できるよう、また経営者が豊かな引退生活を送れるよう、金融機関が法人の終活を支援する意義は大きい。特に売り手企業にとって不慣れなM&Aは、仲介会社に翻弄される可能性があり、相対的に買い手有利に進むケースも多い。このため、金融機関の責務として、フェアな取引となるように関連情報の提供や、専門的なアドバイスを行うことが求められる。

具体的には、客観的・第三者的な視点で取引先の経営者の力量や事業への意欲、事業上の特性などを見極める。そしてその会社の持つ有形無形の資産も加味して、将来的な企業価値（Valuation）を算定する。こうした判断の材料を提供し、その価値が相応に大きければM&Aも含めた広義の事業承継（会社の譲渡）を勧め、現在の価値以上の見通しが立たなければ、早期に廃業や清算を勧めることになる。

保険商品の共通KPI

外貨建て保険商品のリターンを横比較可能にする目的で定義された評価指標（共通KPI）。運用評価別顧客比率・銘柄別コスト・リターンの2項目が採用されている。

金融事業者では、期末の一時払い保険や投資信託などのリスク性商品の押し売りが多発しており、保険商品では外貨建て保険の苦情率が高いなど、短期的業績に傾倒した営業体制が課題になっていた。**金融庁**は、その対策として、2017年3月に「**顧客本位の業務運営**に関する原則」を策定・公表し、顧客本位の業務運営を客観的に評価できるようにするためのKPIの公表を求めていた。

しかし、その内容は各行が自主的に決めており、横比較が困難であった。金融事業者の取り組み状況を見える化し、改善すべき材料を洗い出すべく、金融庁は、共通KPIの策定を決定していた。

2018年に策定された投資信託の共通KPIに続き、2022年に資産運用を検討する場合に投資信託と並んで検討候補に上がる外貨建て保険でも、運用評価別顧客比率（全顧客を100％とした場合のリターン別の顧客分布を示したもの）・銘柄別コスト・リターン（各銘柄の平均コスト・平均リターンをプロットしたもの）を共通KPIとして定めた。加えて、保障機能を説明する定性情報も並列で記載も求めている。

2023年6月に金融庁から発表された「外貨建保険の共通KPIに関する分析」によると、147の事業者が保険商品の共通KPIを金融庁に報告している。2022年3月末基準でみると、全事業者の平均で評価益となった顧客の割合は約7割であった。

マイナンバー活用

住宅金融支援機構のフラット35や預金口座とのひも付け（付番）、eKYCでの利用など、金融では様々な分野でマイナンバーの活用が進みつつある。

2024年秋に、マイナンバーカードと健康保険証の一体化が義務化される予定である。当初、2024年度末までに予定されていた免許証との一体化も前倒しが検討されている。しかしながら、マイナンバーカードを巡っては別人に情報がひも付けされるなどのトラブルが発覚しており、予定が見直しされる可能性もある。

金融分野では、2022年6月からマイナポイント第2弾の施策として、給付金などを受け取る預貯金口座の登録が開始された。2022年10月、住宅金融支援機構はマイナポータルを活用した新サービスを開始した。これは、API連携によりマイナポータルから住宅ローン申込者の収入情報を取得し、フラット35の手続きに利用するものである。新サービスにより、ローンの申し込み時に公的収入証明書を提出することが不要となった。

2021年に成立した預貯金口座個人番号利用申出法が2024年までに施行される。希望する預金者はマイナポータルから簡便な手続きにより保有する全預金口座に一括して付番（マイナンバーと預金口座のひも付け）ができるようになる。付番された預金口座は、災害時や相続時に所在の確認が容易となる。金融機関はシステム面の準備を進めている。

2023年6月に、政府はeKYCの方法をマイナカードに一本化する方針を決定した。近い将来、非対面の本人確認手続きは、どの金融機関でもマイナンバーカードで可能となる。

マネーロンダリング(FATF対応)

2025年のFATF第5次相互審査をにらみ、実効性の一層の向上が求められる。2024年3月末までに、継続的顧客管理等の態勢整備や対策の実行が必要。共同システムの開発も進む。

犯罪にかかわる資金洗浄(マネーロンダリング)の対策(Anti Money Laundering＝AML)や、テロリストへの資金供給対策(countering the financing of terrorism＝CFT)、いわゆるAML／CFT(以下、マネロン対策)については、国際組織であるFATF(金融作業部会)が、国際基準を提言し各国の対策を審査している。

経済のグローバル化が進み、国際的な犯罪やテロが後を絶たないなか、マネロン対策は官民一体となって取り組むべき国の重要課題である。

このため、**金融庁**をはじめとする政府は、FATFの審査を踏まえたマネロン対策を金融機関に求めている。

2021年に公表されたFATF第4次対日相互審査報告書で、日本は「重点フォローアップ国」と認定された。「実質的に不合格」といわれる3段階中で2つ目の評価で、金融機関の監督や予防措置が必要であると指摘された。

2025年から順次始まる第5次相互審査は、より厳しくなる見通しである。

具体的には、①相互審査の間隔は10年から6年に短縮 ②被審査国のリスクにフォーカスした審査 ③法令の執行状況とその有効性に関する審査をより重視 ④フォローアップ基準が厳格化、といった点が明らかになっている。

既に金融庁は金融機関に対して、「マネー・ローンダリング及びテロ資金供与対策に関するガイドライン」で求める対応について、2024年3月末までに完了して態勢を整備することを求めている状況だ。

対応計画を策定し、適切に進捗を管理して着実な実行を図るよう要請している。

金融機関に必要な対策のうち、特に課題となっているのが「**継続的顧客管理**」である。口座開設時などに行う取引時確認だけではなく、過去に確認していた状況からの変化や現状を継続的に確認・管理することを指す。

個人・法人ともに必要で、法人の場合は大株主や創業者などの「**実質的支配者**」の確認も重要。2022年1月31日からは法務局による「実質的支配者リスト制度」が開始しており、そのリストによる確認も可能だが、現状では任意の申し出であるため、利用が限られるとの指摘もある。

継続的顧客管理では、金融機関が取引のリスクを特定・評価し、リスクに応じて対処する「リスクベース・アプローチ」が必要とされている。

ただ、個別の事情を考慮せず一律的な対応である、継続的な確認が不十分であるといった課題が、金融庁から指摘されている。2024年3月末に向けて実効性向上が求められよう。

一方で、こうしたマネロン対策は、金融機関による対応の差をなくして平準化するとともに、システムや人員といった体制を整備するための負担の問題がある。そこで金融庁は2024年3月末までに、マネロン対策をサポートする共同システムの実用化を目指す。

これに関連し、2022年6月には、改正資金決済法が施行され、許可制の「**為替取引分析業**」が新設された。これに基づき、全国銀行協会は2023年1月に「マネー・ローンダリング対策共同機構」を設立した。2024年度から、「AIスコアリングサービス」という取引のモニタリングシステムと、「業務高度化支援サービス」という金融機関へのAML実務対応のサポートを提供する予定だ。

50年住宅ローン

近年、地域金融機関を中心に取り扱いが増加傾向にある借入期間が最長50年の住宅ローン。借入期間を長くすることにより、月々の返済額を抑制することができる。

近年、地域銀行、信用金庫、一部のインターネット専業銀行を含め、借入期間が最長50年の住宅ローンの取り扱いが増えている。借入期間を長くすることにより、従来よりも住宅ローン顧客の年収が低くなったとしても、月々の返済額を低く抑えることができることから、比較的若い世帯でも住宅ローンが組みやすくなる効果がある。また、月々の返済額を抑制することで、従来よりも金額の高い住宅を取得しやすくなる。近年は資材価格の上昇で住宅価格も上昇しているが、住宅取得意欲を支えることにつながる。

50年住宅ローンでは、最終返済時の年齢を80歳未満とすることで、20代をターゲットにしたものが多いが、最終返済時の年齢をさらに引き上げて、対象年齢層を広げている金融機関もみられる。高齢化の進展で人生において働ける期間も長期化していることから、高齢となるまで続く返済期間が以前に比べ受け入れられやすくなっている、ともいえる。

ただ、50年住宅ローンの顧客が固定金利を選択すれば、金融機関が長期の金利リスクを負うことになる。また、そもそも、従来の住宅ローンよりも年収に対する借入額が大きくなりがちであることから、信用リスクが従来に比べて大きい。さらに顧客が変動金利を選択する場合には、金利上昇時における返済負担増からの貸倒リスクが高まることには注意が必要である。

AT1債

銀行の自己資本に含まれるAT1債は、バーゼルⅢで導入された。クレディ・スイス（CS）の経営危機時にAT1債が全額棄損したことで、改めてその損失リスクが認識された。

銀行が発行するAT1債は、株式と債券の性質を併せ持ったハイブリッド証券であり、銀行規制の国際基準である**バーゼルⅢ**の自己資本比率規制において、分子である自己資本のうち「その他Tier1（AT1）」への算入要件を満たすものを指す。

AT1の算入要件においてハイブリッド証券は、所定の自己資本比率を下回った場合に普通株式への転換や元本が削減される契約条項を備えることが求められており、一般にCoCo債（偶発転換社債）とも呼ばれている。

2023年3月に経営危機に陥ったCSはUBSに救済合併されることになったが、その際、CSが発行していたAT1債の全額が元本削減された。このことを受けて、他の銀行が発行するAT1債の価格が大幅に下落する事態が発生した。

CSのAT1債の元本削減は、所定の自己資本比率を下回ったことを事由とするものではなく、損失吸収力を向上する観点からバーゼルⅢが資本商品の適格要件として定めている実質破綻時（PONV）に元本削減を求める契約条項に基づくものであった。

AT1債市場の混乱から、投資家がAT1債の仕組みを十分に理解していなかったことがうかがわれる。

AT1債の損失吸収にかかわるトリガー条項の複雑さという問題はあるが、投資家はAT1債を含む銀行の資本商品に損失が発生する可能性について、十分に理解して投資するべきということが再認識された。

CLO

貸付債権を担保とした証券化商品。近年、米国市場では、もっぱらレバレッジド・ローンを担保として発行される証券化商品の意味で使われている。

CLO（Collateralized Loan Obligation）は、貸付債権担保証券を指す。貸付債権のうち、住宅ローンを担保としたものはCMO（Collateralized Mortgage Obligatioon）と呼ばれる。このため、CLOは法人貸付を対象として使用される場合が多い。CLOの証券は、シニア債、メザニン債、劣後債など支払いの優先順位が異なる複数のトランシェ（優先劣後構造の階層区分）のものが発行される。

我が国では1990年代後半以降、一部の地方自治体が中小企業金融の円滑化のため、CLOを活用する動きがみられた。近年は、日本政策金融公庫が地域金融機関の中小企業向け融資を裏付けとするCLOの組成を手がけている。

現在、米国内でCLOという用語は、レバレッジド・ローンの証券化商品の意味で使用されている。レバレッジド・ローンは信用力の低い借り手向けの貸付であり、資金使途はM&Aなどのハイリスクのものが多い。金利は高めの変動金利、期間は5年程度の長期が主流である。

近年、運用難に悩む我が国金融機関は、米国市場でCLO投資を積極的に行っており、農林中央金庫やメガバンクが多額のCLOを保有している。2020年の日本銀行調査によると、我が国金融機関が保有するCLOはほとんどがAAA格付である。しかしながら、高格付けの証券化商品がデフォルトしたサブプライム危機の教訓から、CLO投資も警戒が必要だとする意見もある。

ICTコンサルティング

ICTコンサルティングとは、情報技術を用いた企業の課題解決を指す。デジタル化が急速に進展するなか、コンサルティングのサービスのなかでも需要が高まっている領域である。

一般的に「ICTコンサルティング」は「ICTツールの導入・活用による業務効率化・生産性向上を志向するサービス」を指すが、より広義には「情報技術を軸に企業の課題解決を図ること」を指すものであり、それゆえにICTコンサルティングを標榜するサービス内容も提供企業によって異なっている。

その幅は経営戦略としてのICT戦略策定から、企画立案、ICTツール導入支援まで多岐にわたる。

一般にICTコンサルティングを提供する業態として、経営コンサルティング会社やシステムインテグレーター（SIer）等が挙げられる。

前者は企業の課題解決に主眼を置き、後者はICTシステムの導入や開発を専門とする傾向にある。しかしながら、昨今の**DX（デジタルトランスフォーメーション）**の進展に伴い、ICT領域に関する企業の課題は領域横断的になっており、両者の提供するサービスの境界は、あいまいになりつつある。

昨今では事業領域の拡大の一環として、ICTコンサルティングサービスを提供する金融機関も増えており、とりわけ地方銀行によるサービス拡充の動きが多くみられる。地方の中小零細企業は比較的IT化が遅れており、ICTの導入・活用支援に対するニーズも大きいといわれているため、これをビジネスチャンスと捉える地域金融機関が増えているといえる。

iDeCo（個人型確定拠出年金）

掛け金と運用成果の合計で年金額が決まる確定拠出年金のうち、個人が掛け金を拠出するもの。手厚い税制優遇を受けながら老後資産を作れることが最大の魅力である。

確定拠出年金（DC）は、掛け金と運用成果の合計（積立金）の額に応じて年金額が決まる私的年金制度。各加入者があらかじめ用意された選択肢の中から運用方法を選択し、組み合わせて、積立金の資金配分を決定する。

勤務先が制度を準備し掛け金を拠出する企業型DCと、国（国民年金基金連合会）が準備した制度に個人で加入し、自己負担で掛け金を拠出する個人型DCがある。

このうち個人型DCの愛称が"iDeCo（イデコ）"である。

2023年8月末時点のiDeCo加入者数は約306万人。

原則として、20～64歳の国民年金被保険者であれば、iDeCoに加入できる（企業型DC加入者がiDeCoに加入するには、所定の要件がある）。

掛け金は全額非課税（全額所得控除）で、積立金を受け取るまでの間に発生する運用収益も非課税。こうした手厚い税制優遇を受けながら、老後資産を準備できることがiDeCoの最大の魅力である。

拠出できる掛け金には、勤務先に企業年金がない従業員は年額27万6,000円、公務員及び勤務先の確定給付型の制度を併用する従業員は年額14万4,000円（2024年12月からは年額24万円）、自営業者は国民年金基金の掛け金との合計で年額81万6,000円などの上限がある。

積立金の受け取りは60～75歳の間に開始でき、一括または年金形態での受け取り方法を選択できる。

IFA(独立系金融アドバイザー)

特定の金融機関に属さず、主に個人向けに投資等の助言を行う。1990年頃から米英で広がり、日本でも過去10年で徐々に浸透、近年急速に拡大している。

Independent Financial Advisorの略で、財務局を通じて内閣総理大臣の登録を行っている事業者か、または証券外務員資格を持つその社員が行う。登録には、証券会社との業務委託契約が前提となる。2010年頃から徐々に拡大し、近年、伸びが加速、2023年6月時点では前年比18%増の6,544人が登録している(日本証券業協会「金融商品仲介業者の登録外務員数」資料)。

従来のFA(ファイナンシャルアドバイザー)とは異なり、顧客に対し、一般的な金融情報を与えるだけでなく、個別ファンドや債券などの金融商品についての説明、提案、売買仲介等を行うことができる。

IFAの発祥は英国とされる。1990年代の英国では、投資アドバイスを行うには、保険会社などの金融機関に属するか、監督官庁に自ら登録する必要があった。この後者がIFAである。特定の金融機関の利益を代弁しないため、顧客に公平なアドバイスを与えられるものとして導入された。

課題は収益構造で、IFAは総じて規模が小さく、かつ日本では金融商品の利回りが低いこと、金融商品価格の変動が高いなかで個人にリターンをもたらすのは難しいことなどから、投資アドバイスの手数料だけで事業を成り立たせるのは容易ではない。

また、証券会社と業務委託契約を締結することが多いなかで、完全に投資家側に立った助言を担保して業務を行うことが重要である。

IPO

Initial Public Offering（新規株式公開）の略で、未公開企業が自社の株式を株式市場で自由に売買できるように公開するプロセス。企業が資金調達を行うための有用な手法である。

企業の株式公開では、未公開企業が新株を発行して株式市場から新たな資金調達を行う「公募増資」や、既存株主が保有株式を売却する「売り出し」が行われる。この時の公募増資・売り出しに適用される価格を公開価格という。

日本において公開価格の決定方法として、1989年3月まで類似会社比準方式が採用されていたが、現在、入札方式とブックビルディング方式が採用されている。

株式公開の主要なメリットは、株式公開をすることによって、資金調達力が強まること、社会的信用を獲得し知名度を高めることである。また、創業者は株式公開時に保有株式を売り出すことで多大な利益を上げることができる。一方で、株式公開のデメリットとしては、公開するために証券会社や監査法人など関係諸機関に支払う手数料の直接コストと、非公開企業に求められないディスクロージャーの充実や内部管理体制の確保などのための間接コストが生じる。

流通市場において最初に付く株価である初値が公開価格を上回る現象を過小値付けといい、過小値付けの原因について多くの研究がなされてきた。

新規株式公開後の3年から5年にわたる株価収益率が、市場インデックスや類似企業よりも一般的に低い、という中長期アンダーパフォーマンスの現象、新規上場件数や初期収益率が時期によって大きく変動しているというIPOサイクルの現象も指摘されている。

LBO

Leveraged Buyout（レバレッジド・バイアウト）の略で、買収対象企業の資産を担保にして大量の資金を借り入れ、その借入金を原資として対象企業を買収する手法である。

LBOを活用することによって、少額の資金で大企業の買収が可能となる。

LBOが成立した後、多くの場合は、買収者が対象企業の資産を切り売りして借り入れた資金を返済することになる。そのため、内部留保が多く自己資本比率が高い企業や、有利子負債が少ない、事業環境が安定している企業などがLBOの対象になりやすい。

LBOは米国で発祥し、1980年代に第一次ブームを迎えた。LBOを用いて巨額のM&Aが実行されるようになったのは、1979年に多額の節税効果を生むLBOが成功したことと、1980年代半ばからジャンクボンド市場が開拓されたことに起因する。

1989年には、投資ファンドKKRがRJRナビスコをLBOによって、およそ250億ドルという巨額の資金で買収し、ブームの最高潮に達した。

1990年に入ると、ジャンクボンド市場の崩壊により第一次LBOブームが終息した。

それ以降、LBOは負債の活用による企業経営の効率化によって価値を創出する手段として用いられる。

日本においては、2006年にソフトバンクがLBOでボーダフォン日本法人を買収する事例や、2019年に昭和電工がLBOを活用し日立化成を買収する事例がある。

また近年では、LBOファイナンスの市場が広がっており、2023年4月7日には、三菱UFJ銀行は日本初のLBOローンファンドを立ち上げた。

REVICareer(レビキャリ)

地域での活躍を考える大企業の人材と地域の中堅・中小企業を地域金融機関等がマッチングするため、地域経済活性化支援機構が人材プラットフォームを整備した。

金融庁は、2018年3月に監督指針を改正し、地域金融機関等において取引先企業に対する**人材紹介業務**（人材仲介機能）が可能であることを明確化した。これにより、地域金融機関は、取引先企業の事業性評価・伴走支援活動の一環として人材紹介業務を実施しており、人材紹介の前提となる経営課題の把握から、人材紹介した後のフォローアップまでワンストップでの支援を行っている。

金融庁では、地域金融機関の人材紹介業務を通じて、転籍や兼業・副業、出向といった多様な形での、大企業から中堅・中小企業への新しい人の流れを創出し、大企業で経験豊かな人材の活躍を後押しするため、「地域企業経営人材マッチング促進事業」を実施している。この一環として、地域経済活性化支援機構（REVIC）は、2021年10月から、地域での活躍を考える大企業の人材と地域の中堅・中小企業を地域金融機関等がマッチングするための人材プラットフォーム「REVICareer（レビキャリ）」を整備した。

本プラットフォームを通じて経営人材を獲得した地域企業に対し、最大500万円が給付されるほか、登録者は、キャリア支援プログラム（研修・ワークショップ）を無料で受講できる。

2023年5月末時点でREVICareerに登録している地域金融機関は116機関（地域銀行88、信用金庫26、信用組合2）に上っている。

NISA（少額投資非課税制度）

2014年に運用益が非課税となるNISA（少額投資非課税制度）が創設された。当初のNISAが10年目の期限となる2024年は、内容が抜本的に見直された新NISAが開始される。

2014年に一定の条件の下で運用益が非課税とされるNISA（一般NISA）が創設された。本制度は、英国の個人貯蓄口座（Individual Saving Account）を参考にして作られた。家計からの成長マネーの供給拡大と、家計の自助努力による資産形成がNISA導入時の狙いであった。その後、2016年には未成年を対象としたジュニアNISAが導入され、2018年には長期投資向けにつみたてNISAが創設された。

当初の一般NISAは導入後10年間の期限があり、ジュニアNISAも同じく2023年末に終了する。これらの制度が期限切れとなるタイミングの時期に、岸田文雄政権はNISAの拡充を「資産所得倍増プラン」の目玉として位置付けた。この結果、NISAは抜本的に見直されることになった。

2024年以降の新NISAは、つみたて投資枠（年間上限120万円）と成長投資枠（240万円）の2本立てとなる。非課税限度額は、旧一般NISA（120万円）や旧つみたてNISA（40万円）に比べると、新制度の2枠は大幅に引き上げられた。

制度の拡充を受け、金融機関の新NISA口座の獲得競争が激化している。2023年秋から一部のネット証券は株式手数料を無料化しており、新NISAの獲得はこれら証券が優位となる展開が予想される。多くの銀行等の投資型商品販売は採算的に厳しい模様であり、効率的な新NISA口座の獲得に加え、顧客ニーズに合致したクロスセルが課題となろう。

Ⅳ 経営、市場

2023年6月に八十二銀行と長野銀行が経営統合。両行は2025年度内をめどに合併する予定。写真は、経営統合の会見で握手する八十二銀行の松下正樹頭取（左）と長野銀行の西澤仁志頭取

銀行業高度化等会社

銀行業高度化等会社とは、情報通信技術その他の技術を活用した銀行業の高度化及び銀行の利用者の利便の向上に資する業務（または資すると見込まれる業務）を営む会社のこと。

従来から、銀行業においては、銀行の健全性維持のために、他業態のリスクが経営に及ばないよう、出資割合に対して上限5％の規制がかかっていた。フィンテック企業の台頭により、銀行がこれらの企業と提携し、利用者に対してITを活用した高度な金融サービスの提供を可能にすることを目的に、2016年の銀行法改正により、出資規制が緩和されたことが、銀行業高度化等会社が認められた最初の契機である。

その後の業務範囲の見直しにより、2019年には銀行業高度化等会社として「地方創生や地域経済の活性化等のため、地域の優れた産品・サービスの販路を新たに開拓することで、従来以上の収益を引き出し、そこで得られた知見や収益を生産者に還元していく事業を営む会社」(**地域商社**)が明記された。

また、2021年の銀行法改正により、銀行本体の付随業務として地域活性化等業務が明記され、併せて銀行業高度化等会社として、新たに「地域の活性化、産業の生産性の向上その他の持続可能な社会の構築に資する業務」が追加され、さらに広範な業務を営むことが可能となった。申請にあたっての手続き要件も緩和されており、銀行グループの迅速なビジネス展開が可能となった。

今後、地域、顧客の課題解決支援に取り組む金融機関にとって大きな後押しとなることが期待されている。

グローバルサウス

新興国を含む発展途上国の俗称であり、対象国は明確でない。インドなどの経済成長が著しい新興国が中心となり、既存の欧米先進国の価値観に対抗する姿勢を鮮明にしている。

◆世界経済でのシェア拡大

発展途上国の多くが南半球に立地することから、従来から発展途上国を「南」と称する事が多かった。2023年1月、インドが「グローバルサウスの声サミット」を開催し、グローバルサウスが発展途上国の総称として用いられるようになったが、対象国はいまだ定まっていない。

既存の新興国を束ねる枠組みである国際連合のG77(77カ国グループ)の、名目GDPの世界全体でのシェアは、2000年には11%であったが、2020年には16%に急増した。この10年間で、先進主要7カ国（G7）のシェアは67%から46%に低下した。この対照的な変化が、世界経済におけるグローバルサウスの重要性と政治力を高めたと考えられる。

◆今後予想される展開

グローバルサウスの中核には参加国が11カ国に拡大したBRICSがあるが、そのBRICSですら何らかの基本思想や重要プロジェクトを共有する共同体の性格は持たない。拠って、グローバルサウスが共同体として何らかの働きを志向する可能性は少ない。

しかし、例えば世界的な経済政策や安全保障において、G7とは異なる方針で新興国がまとまる可能性が高まり、先進国の国際協調路線の障害となる懸念が高まっている。

国際企業においては、従来にも増して市場、あるいは生産拠点として、発展途上国を重視することが求められよう。

コーポレートガバナンス改革の実質化

コーポレート・ガバナンスコード再改訂(2021年)後の中間点検や海外投資家等の意見を踏まえた、企業の持続的な成長と中長期的な企業価値向上の促進に向けた各種取り組みをいう。

金融庁は、2023年4月26日に「コーポレートガバナンス改革の実質化に向けたアクション・プログラム」を公表した。このなかで、コーポレートガバナンス改革を形式的なものに終わらせるのではなく、実質化させるという観点から「企業の持続的な成長と中長期的な企業価値向上に向けた課題」と「企業と投資家との対話に係る課題」という2つの課題と、各課題に対する施策の提言がなされた。

前者の課題に対する施策としては、「事業ポートフォリオの見直しによる収益性・成長性を意識した経営の促進」「人的資本・知的財産・多様性を含むサステナビリティ情報の開示の促進」「独立社外取締役に対する啓発活動による取締役会の実効性の向上」などが挙げられている。

また、後者の課題に対しては、「運用機関における十分なリソースの確保やアセットオーナーにおける体制の拡充等によるスチュワードシップ活動の実質化」「投資家との対話の実施状況や対話内容の開示要請等による情報開示の充実」「プライム市場における英文開示の義務化等によるグローバル投資家との対話促進」などが挙げられている。

コーポレートガバナンスの充実に向けて金融庁及び東京証券取引所が設置するフォローアップ会議において、上記の施策の実施状況を随時検証し、追加的な施策等の要否を検討していくとのことである。

四半期開示の見直し

「四半期開示の見直し」とは、金融商品取引法による四半期開示義務（第1、第3四半期）を廃止し、取引所規則に基づく四半期決算短信に一本化する方向の見直しである。

四半期開示の見直しは、2022年6月に公表された金融審議会ディスクロージャーWG報告の中で取り上げられた。これは、開示の効率化の観点から、現在、第1四半期、第2四半期、第3四半期に開示されている四半期報告書のうち、第1四半期、第3四半期を廃止し、取引所規則に基づき公表される決算短信と一本化しようとするものである。

一本化にあたっては**金融商品取引法**の改正が必要になるため、2023年3月に関連法案が国会に提出されたものの会期内に成立しなかった。このため2023年10月以降の国会に再提出、成立すれば、早ければ2024年4月1日以降開始事業年度から適用される見通しである。なお、一本化した場合の開示内容、監査人によるレビュー、虚偽記載の場合の罰則については、引き続き検討されている。

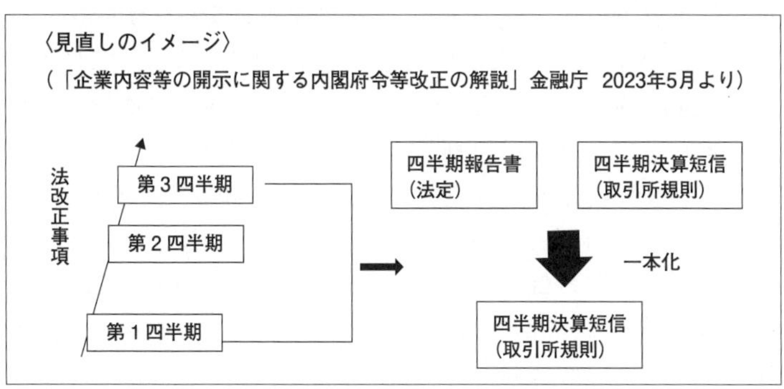

経営、市場

資産運用立国と運用の独立性

「資産運用立国」とは、2023年6月に閣議決定された「骨太方針2023」に盛り込まれた個人資産運用促進の新たな目標を指す。その重要なポイントの1つが運用の独立性である。

2023年6月に「骨太方針2023」が閣議決定された。これに盛り込まれたのが「資産運用立国」の実現という新たな目標である。「2,000兆円の家計金融資産を開放し、持続的成長に貢献する『資産運用立国』を実現する」と記され、家計の預貯金を投資に振り向けることが意図されている。

これに先立ち、2022年11月には政府の「新しい資本主義実現会議」によって「資産所得倍増プラン」が策定されており、このプランを実現するべく「資産運用立国」という概念とともに、具体的な施策として、**NISA**（個人の投資に対する税制優遇制度）の大幅な拡充と恒久化、**金融経済教育推進機構**の設立等の施策が骨太方針に盛り込まれた。

これまでも、政府は「貯蓄から資産形成へ」と銘打って、預金に資金を滞留させておくだけでなく、株式や債券などに対して投資を行うことで富を増やすよう、個人に対して働きかけてきた。それでも、いまだに日本の家計金融資産（2023年6月末で2,115兆円）の53％に当たる1,117兆円が現預金となっている。株式・債券・投資信託の割合は18.7％と、欧米のそれぞれ33％、56％と比べて極めて低くなっている（日本は2023年6月末、欧米は3月）。こうした現預金に滞留している資金を投資することで、個人の資産所得の“倍増”を図る。足元では、ほぼ定常的な物価上昇が続いている。これまで以上にインフレ対策としての資産運用の重要性が増している。個人に投資を促すことは、個人資産の防衛の上でも一層重要になっている。

個人の投資を促すことの恩恵は、単に個人の資産所得の増加にとどまらない。ベンチャー企業等に資金が流れれば、企業の成長を促し、またそうした企業の価値向上によって個人等の資産が増えるという好循環を醸成する。

こうした資産運用構築の基盤となるのが、個人投資家の金融リテラシー向上である。2022年4月から高校での金融教育の義務化もスタートしているが、加えて、政府は、2024年の春に金融経済教育推進機構を官民合同で設立するべく準備を進めている。この機関を通じて、顧客の立場に立ったアドバイザーの普及や、金融経済教育の普及を目指す。

また、個人等の資金を預かる機関の運用力向上も極めて重要である。そのためには、独立性を持った経営判断が行われることが求められる。我が国の大手運用機関の多くが金融機関のグループに属しており、人事・報酬体系が、銀行や証券・保険といったグループの中核会社と一体で運営されていることが多いと考えられる。

資産運用立国の成否の鍵を握るのが、運用機関の運用力向上である。これに向けて、**金融庁**から新規参入の促進や、投資対象の多様化、アセットオーナー改革等、多岐にわたる改革が進められている。

とりわけ注目されているのが、運用会社の独立という観点である。以前から、金融グループの一部となっている運用機関等の独立性は課題として取り上げられていた。

今後は、独自の人材育成のシステムを構築し、より高い運用成績をあげた人々やポテンシャルの高い若手等を正当に評価することによって、金融グループの収益や戦略に過度に左右されないガバナンス体制を、構築することが求められるだろう。

次世代型店舗・デジタル化店舗

生産性向上と顧客利便性を両立するデジタル化、DX要素を取り入れた次世代型店舗が増えている。タブレットでの金融商品契約、テレビ電話などが導入されている。

従来型のフルバンキング店舗も一部残しながら、軽量店舗や資産運用に特化した店舗、共同店舗を含め、デジタル化、DX要素を取り入れた次世代型店舗・デジタル化店舗の導入が進んでいる。人口減少やスマートフォンの普及、ライフスタイルの変化で郊外や地方だけでなく、都市部の有人店舗でも来店客が急速に減っていることが背景にある。

みずほフィナンシャルグループでは、2024年度までに国内約500拠点のうち、130拠点を削減。ネット・スマホの利便性向上を図り全拠点の次世代店舗化を掲げている。全拠点を事務からコンサルティングの場にするため、店頭事務のオペレーションレス・ペーパーレス、後方事務のビジネスオフィス集約、銀信証ワンストップ化を進めている。

三菱UFJフィナンシャル・グループでは、フルバンキングタイプの店舗を中心に、2020年度の425拠点から、2023年度末時点の店舗数を約320拠点にまで削減予定である。次世代型店舗では、アプリやセルフ機器を拡充し、顧客利便性向上と業務効率化を推進している。

三井住友銀行は、2025年度までに、全店舗の6割にあたる250店超を新型店「ストア」に転換することで、280億円の経費削減を見込む。アクセスしやすい商業施設内へ移転することで、営業時間と顧客接点の拡大が見込まれる。ストアでは、事務デジタル化・現金レスによる少人数運営を実現し、Oliveやネットバンキングへの誘導を促すとともに、個人向け資産運用ビジネスを強化する。

りそなグループの次世代型の軽量店舗である年中無休の相談特化型店舗セブンデイズプラザは、主要ターミナル駅などに37拠点展開している。

京葉銀行では、①認証ボックスでは、指静脈認証ICキャッシュカードで本人の意思確認を実施するため、伝票等への印鑑の押印が不要 ②タブレットによる保険・投資信託手続きでは、申し込みから契約までを画面上での確認と電子サインで手続き完了 ③全自動貸金庫では、指静脈認証ICキャッシュカードで入室が可能 ④リモートテラーシステムでは、モニターを通して相談員と直接面談し、相続相談などのコンサルティング業務を実施している。

こうした次世代型店舗・デジタル化店舗では、デジタル化やDX要素を取り入れることで業務の効率化を図り、手続きにかかる時間や負担を軽減することで、その分、顧客に対してより質の高い相談・コンサルティングを提供することが可能とされる。もっとも、「できれば行きたくない場所」という多くの顧客の本音や「欲しい金融商品やサービスがない」という根本的な問題に向き合わなければ、あらゆる店舗政策は中途半端となり、顧客の離反から、来店客の減少が続く懸念がある。

銀行が、店舗ネットワークの維持に固執することで、営業時間の短縮→店舗機能の縮小→店舗の魅力低下→店舗の収益力低下→さらなる来店客の減少、という悪循環に陥るとともに、店舗の減損処理の発生で統廃合の前倒しや銀行自体の再編が進む可能性もある。

デジタル技術を取り入れ、いかに顧客にとって魅力ある店舗を構築していくか、銀行は正念場を迎えている。

障がい者への合理的配慮

2024年4月に改正障害者差別解消法が施行されることにより、金融機関においても障がい者への合理的配慮（障がい者の要望に応じた支援や環境の調整）が義務化される。

改正障害者差別解消法が施行される2024年4月以降、事業者による障害のある人への「不当な差別的取扱い」の禁止に加え、障害のある人への「合理的配慮の提供」が義務化される。

「合理的配慮」とは、「障害者が他の者との平等を基礎として全ての人権及び基本的自由を享有し、又は行使することを確保するための必要かつ適当な変更及び調整であって、特定の場合において必要とされるものであり、かつ、均衡を失した又は過度の負担を課さないもの」とされている（障害者権利条約）。

合理的配慮の内容は、障がい特性やそれぞれの場面・状況に応じて異なることから、前例に頼った一律な対応を図るのではなく、障がい者からの申し出を踏まえ、建設的な対話を行うことにより、柔軟な対応を図る必要がある。

例えば、意思疎通への配慮として、視覚に障がいのある顧客に対しては、窓口までの誘導、また、顧客の要請がある場合は、取引関係書類についての代読や代筆、また、聴覚に障害のある顧客に対しては、パンフレット等の資料を用いての説明、筆談を交えての要望等の聞き取りや確認が考えられる。また、物理的環境への配慮として、車椅子利用者には、携帯スロープを活用した段差への対応が考えられる。さらに、ルール・慣行の柔軟な変更として、周囲の者の理解を得た上で順番を優先する等の対応が考えられる。

所有者不明土地

不動産登記がなされていない、あるいは所有者に連絡がとれない土地が増えている。課税漏れ、街や山林の荒廃、治安悪化といった問題を起こすため、政府は対応を急いでいる。

◆問題の所在と背景

所有者不明土地の面積は、2016年時点で推定410万ヘクタールに上り、これは九州本島の面積を上回る。

土地相続時の土地登記、住所等の変更登記の申請は義務付けられておらず、申請費用がかさむことから、登記が十分に行われず、所有者不明の土地が増加した。

所有者不明土地の増加は、課税漏れ、街や山林の荒廃、治安悪化、災害リスク拡大をもたらし、土地利用や地域開発を阻害する懸念がある。

◆政府の対応

政府は、所有者不明土地の発生を抑えるために、相続登記申請を2024年4月から義務化し、「相続開始3年以内に正当な理由なく相続登記を行わない場合」には10万円以下の過料の対象とすることとした。また2026年4月からは、不動産所有者が住所等の変更をした際にも登記が義務付けられる。さらに、2023年4月には相続土地国庫帰属法が施行され、相続により望まずに取得した土地を国庫に納付できるようになった。

他方で、所有者不明土地の利用円滑化を促す対策も実施された。まず民法改正により、裁判所の判断で所有者不明土地の用途変更や売却ができるようになった。

また、土地・建物の財産管理制度や不動産共有制度の見直し、隣地との関係、遺産分割に係るルールの導入などのための法制度も整備された。

人的資本経営の実践

人的資本経営とは、経営資源のなかで、特にヒトを「資本」と捉えて、ヒトの能力や行動を価値創造や競争優位の源泉とし、積極的に投資活用して企業価値増大を目指す考え方。

従来は「人的資源管理(HRM：Human Resource Management)」が中心で、人材を「資源」とみなし適材適所による人材活用に主眼を置いていた。そのため、HRMでは効率性と生産性が中心的な「管理項目」となり、管理職は、ヒトと業務を適切に配置し、効率的なオペレーションを行うことが重要で、「ヒト＝資源＝コスト」と捉える傾向があった。

これに対し、「人的資本経営(HCM：Human Capital Management)」では、「ヒト＝資本＝投資」とみなし、人材は新たな価値を創造する投資対象であり、人材の能力増強と充実、レバレッジが重要であると考える。

現在ほど「人的資本経営(HCM)」が問われている時代はない。その理由は4つある。

第1に、金融業が就職先として魅力をなくしつつあり、優秀な人材獲得に遅れをとっていること。

第2に、金融業の業務が、デジタル対応の遅れから旧態依然としていると誤解されていること。

第3に、グローバルの視点でみた時、外資の金融機関と比べて戦略的に見劣りしていると思われていること。

さらに第4は、2022年のロシアによるウクライナ侵攻、世界的なインフレ、記録的な円安などにより、不安定な市況が増加、金融業の業績がさらに不安定となっていることなどが指摘されている。

ハーバードビジネスレビュー(2015年10月号）によると、

新たにイノベーションを起こせない銀行は2025年までに92%が消滅すると予想しており、イノベーティブな取り組みを奨励している。

多くの金融機関が、**DX(デジタルトランスフォーメーション)** や新金融サービス展開の動き、メガバンク構想による資本業務提携や合併など業界再編と新事業への転換、さらに海外への進出や外資への出資などにより、活発な戦略を実践している。

こうしたイノベーションを起こすための人的資本経営の実践的な戦略として、次の3つの戦略的視点に着目したい。

第1は、テクノロジーとデジタル化の活用戦略であり、モバイルアプリやオンラインバンキング、仮想通貨取引など顧客の優れたバンキング体験を推進するデジタルプラットフォーム戦略(脱レガシー)の視点である。

第2は、多様な高度専門人材の開発である。2023年、厚生労働省や文部科学省は、教育訓練給付金、人材開発支援助成金、デジタル分野の重点化によるデジタル推進人材の育成など政府の**リスキリング**政策を本格的に始動させる。金融機関においても時間的に逡巡する余裕はないが、相当の覚悟で行動が求められる。

第3は、行職員の柔軟性と環境への適応力のさらなる強化、グローバル金融市場を視野に入れたグローバルリーダーとなる人材のためのリーダーシップ開発強化の視点である。

組織文化を通じて、変化に適応する能力を促進し、新たなグローバル課題にも対応することが求められる。金融リーダーが組織文化醸成や戦略実行の鍵を握る。金融リーダーは変革をリードし、行員をモチベーションし、戦略的ビジョンを明確に伝える役割を果たさなければならない。

各金融機関で、独自のリーダーシップ開発プログラムを導入する必要がある。

全銀システムの参加資格拡大

これまで銀行等の預金取扱金融機関に限定していた全銀システムの参加資格が、2022年10月に資金移動業者へ拡大された。これにより、全銀システムに参加する資金移動業者や銀行等との間で相互に送金等の取り扱いが可能となった。

◆背景と概要

全国銀行資金決済ネットワーク（全銀ネット）は、2020年度から、「次世代資金決済システムに関する検討タスクフォース」を設置し、学識者、日本資金決済業協会、Fintech協会、システムベンダー、関係当局、銀行等従来の枠組みにとらわれない幅広いメンバーとともに、次世代の資金決済システムのあり方について議論を進めている。

同タスクフォースは、2021年1月に公表した報告書において、資金移動業者の全銀システムへの参加について、「決済システムの安定性を確保する観点から、既存の加盟銀行と同一条件での参加を前提としつつ、2022年度中をめどに資金移動業者に参加資格を拡大することが望ましい」との提言を行った。

この提言や諸外国の動向を踏まえて、全銀ネットは、資金移動業者の全銀システム参加に向けた制度面及びシステム面の具体的な検討を進め、2022年10月に、これまで銀行等の預金取扱金融機関に限定していた全銀システムの参加資格を資金移動業者に拡大した。

参加資格拡大の実現により、全銀システムへの参加を希望し、必要な対応が完了した資金移動業者の顧客は、全銀システムを介して、銀行口座から資金移動業者のアカウントへの送金、資金移動業者のアカウントから銀行口座への送金、及び異なる資金移動業者のアカウント同士の送金が可能となる。全銀システム上でインターオペラビリティが確保されることで、利用者の利便性向上やキャッシュレス化の促進が期待される。

◆参加形態・参加要件等

全銀システムの参加要件としては、預金取扱金融機関または資金移動業者であることに加え、純資産額が負の値ではないこと、法令及び業務方法書その他の規則に基づき内国為替業務を適切に遂行できる経営体制並びに運用体制を整備していること等の基準が設けられており、資金移動業者も、預金取扱金融機関と同様に、これらの基準を満たす必要がある。

また、参加時の審査や参加後のモニタリングが全銀ネットによって行われる予定である。なお、**金融庁**は、全銀システムに参加する資金移動業者を適切に監督する観点から、関係する事務ガイドライン（第三分冊：金融会社関係 14 資金移動業者関係）の改正を行っている。

また、全銀システムの参加形態には、**日本銀行**当座預金において決済尻を資金清算する「清算参加者」(直接接続）と、日本銀行に当座預金を保有せず、決済尻の資金清算は他の清算参加者に委託する「代行決済委託金融機関」(間接接続）がある。資金移動業者はいずれの参加形態でも全銀システムに参加できる。

なお、全銀ネットへの加盟資格取得の申請後、全銀ネット理事会における承認を経た上で、全銀システムとの接続に必要なシステム開発や接続試験等を行う必要があり、申請から実際の取引開始までには一定の期間を要する。

加盟にあたっては、新規加盟時の加入金のほか、取扱件数・金額等に応じたシステム利用料等を負担する必要がある。

新紙幣発行と事務対応

2024年度上期頃に紙幣が刷新される。金融機関に事務機器更新等のコスト負担が求められる一方、キャッシュレス化も進展しており、その対応方法には戦略的な判断が求められる。

千円・五千円・一万円の紙幣が、2024年度上期を目途に刷新される。紙幣・貨幣の製作技術の継承等の観点から、約20年周期で公開することが通例になっている。今回は、高精細すき入れ（すかし）等による新たな偽造防止対策、指感性に優れる形状等のユニバーサルデザインの観点からの改善策、等が適用される。

新紙幣発行により、その発行コストや、様々な現金機器改修投資等が見込まれ、兆円単位の経済効果を期待される。また、タンス預金の解消や、現金機器縮小等によるキャッシュレス化推進の効果もあるとの意見もある。

金融機関にとっては、新札対応負担は大きく、対応範囲・方法には戦略的な判断が求められるであろう。例えば銀行業態であれば、ATM・事務機器の回収には多額の設備投資が不可避である。また、キャッシュレス化が進み現金流通量の減少することが予想されるなかで、そもそもこれまで同様水準で現金機器等を揃えるのか、判断が必要だ。

銀行によっては、これを機にATMの台数削減や、機能特化型モデルの採用、コンビニATMとの連携強化、等を検討しているようだ。

さらにいえば、そもそも現金対策は、営業店や人員配置にも大きく影響し得る要因であり、単純な新札対策ものみならず、オペレーションモデルのあり方そのものも含めて対策を検討する必要があるであろう。

成年年齢引き下げ

2022年4月から成年年齢が引き下げられたことにより、若年層の消費者被害の増加が懸念されたことから、金融界では自主ガイドラインを作成するなど慎重な対応が図られている。

◆成年年齢引き下げの懸念

民法では、未成年者が法定代理人の同意を得ずに行った法律行為は、未成年者取消権（民法第5条第2項）により取り消すことができる（なお、未成年者との契約にあたり親権者の同意を取得しないことは違法ではない）。成年年齢を18歳に引き下げる民法改正が2022年4月に施行され、18～19歳は未成年者取消権の保護が受けられなくなった。

以前から、未成年者が成年者となった歳を境に消費者被害額が一段増えることが認識されている。これは、成年となり、親権者の同意がなくともクレジットやローン契約をしやすくなることが、被害を拡大させる一因となっているからである。成年年齢が18歳に引き下げられ、社会経験が乏しい層への取引が広がることに伴い、消費者被害の拡大が懸念された。

◆消費者被害の防止施策

2022年1月に成年年齢引下げに関する関係閣僚会合が開催され、各府省庁から若年者の消費者被害等を防止するための主な施策が報告された。日本貸金業協会においては、貸付額にかかわらず収入の状況を示す書類の確認等を行うなどの自主ガイドラインを策定した。また、当局は、監督・検査によりその遵守状況をモニタリングすることになった。全銀協でも、成年年齢引下げを踏まえた銀行による消費者向け貸付けに係る申し合わせを行っている。

単独型持ち株会社

経営統合を契機に持ち株会社形態をとる地域銀行が多いが、2020年10月の広島銀行をはじめとして経営の自由度を高めるために単独型持ち株会社形態を選択する銀行が増えてきた。

地域銀行界では、持ち株会社は、経営統合の際に、合併銀行の相互の独自性を維持できる点から、活用されてきた。

そこに一石を投じたのが、2020年10月の広島銀行による経営統合を前提としない、「ひろぎんホールディングス」の設立であった。その後、2021年10月に、十六銀行、北国銀行、沖縄銀行が、2022年10月に、静岡銀行、中国銀行、伊予銀行が、2023年10月に京都銀行が追随した。

こうした単独型持ち株会社が広がるのには、大きく2つの理由がある。

第1に、持ち株会社制度の使い勝手が良くなったことである。2016年の銀行法等の改正で、銀行グループ内での共通・重複業務を持ち株会社や1つの子会社に集約することが可能になった。さらに、2021年の銀行法改正では、銀行グループの業務範囲が緩和されたが、銀行本体や銀行子会社に比べて、銀行の兄弟会社の方が、自由度が大きい。

第2に、従来の預金と貸し出しを中心とした業務体制では、収益力に限界があり、顧客の支援が十分にできていないという危機感が銀行の間で強まっていることである。「非銀行」分野を強化する必要があるが、銀行員や銀行子会社職員の給与体系や銀行中心主義的な意識・行動が大きな障害となりかねないのである。

今後の論点として、持ち株会社の利点を生かしていく上で、持ち株会社と銀行との兼務の妥当性が指摘されている。

地域銀行の他行株式取得

北国フィナンシャルホールディングスが、投資子会社を通じて、複数の地銀の株式を取得している。「純投資」であり、地銀再編や資本提携が目的ではないという。

北国銀行を傘下にもつ北国フィナンシャルホールディングス（北国FHD）が、投資子会社「QRインベストメント」を通じて、複数の地銀の株式を取得している。北国FHDから出資を受けたのは、岩手銀行、武蔵野銀行、山梨中央銀行、琉球銀行の4地銀。

今回の出資により、北国FHDは、岩手銀行では発行済み株式総数の4%を取得し第2位の大株主に踊りでた。琉球銀行では、同3.07%を取得し、第3位の大株主となった。北国側は、「純投資」であり、地銀再編や資本提携が目的ではないという。

なお、北国FHDは政策保有株式の全廃を打ち出しており、2023年3月末現在、投資簿価114億円の上場政策保有株を2025年3月末に投資簿価を69億円にまで減らし、売却で生じた資金は、地域の非上場企業への投資に使うとしている。

政策投資とは、関係強化など経営政策的な視点から行う株式投資であり、純投資は、株式の値上がりや配当を目的とした株式投資であるが、あいまいでもある。政策保有株全廃を打ち出す一方、新たに上場地銀への「純投資」とは矛盾しているとの声もある。

東証が、PBR1倍割れの企業に対して、改善策の開示を求めるなか、北国FHDは配当と自社株買いをあわせた総還元性向の目標を50%以上に引き上げた。出資した4地銀にも「大株主」として同様の施策を求めるのであれば、「純投資」の筋は通るのかもしれない。

地域銀行の再編、新連携

政策的な後押しもあり、地域銀行の再編が進んでいる。一方、包括的業務提携や異業種との提携なども広がっている。再編や連携を通じて、競争力を高めることが期待される。

地域経済が縮小するなかで、単独で質の高い金融サービスを提供するのが難しくなった。政府の支援もあって、地域銀行の再編が広がっている。表に示したように、近年、同一県内地銀による経営統合が目立つ。

政府は、再編は銀行の経営基盤の強化の有力な方法であるが、最終的には銀行の自主的な経営判断次第だというスタンスをとっていた。しかし、近年、再編を後押しするように、①**独占禁止法の特例法（統合特例法）**②**金融機能強化法**改正による**資金交付制度** ③**日本銀行**の「地域金融強化のための特別当座預金制度」などを用意してきた。

経営統合には非常に大きなコストがかかる上、広域型の経営統合の場合には地元との関係が希薄化する心配がある。

また、同一地域内での経営統合の場合には、2020年の統合特例法によって緩和されたとはいえ、独占の弊害への当局の懸念から、円滑に経営統合が進まないおそれがある。

こうしたことから、組織再編を伴わないで、経営統合と同等のメリットを享受する様々な包括的業務提携（アライアンス）が広がっている。

経営統合に比べて、重複店舗の整理などのコスト削減効果は小さいが、組織上の摩擦は少なく、経営の自由度を維持できることに加え、単独では難しかったサービスの提供やコストの削減が可能になるなど、メリットも多い。

例えば、2015年発足のTSU-

BASAアライアンスは、2015年に千葉銀行や中国銀行などの3行で始まったが、徐々に参加銀行が増え、全国的な11行のグループになっている。各行の独立性を維持しながら、ITを使った金融商品の開発、事務・システムの共通化、シンジケートローンの共同組成を実現している。

横浜銀行と千葉銀行、静岡銀行と山梨中央銀行、琉球銀行と沖縄銀行、秋田銀行と岩手銀行など、2行間でのアライアンスも増えている。連携分野も、**事業承継**やビジネスマッチング、海外進出、脱炭素化など多様化している。

2023年には、北国銀行グループ（北国フィナンシャルホールディングス）が、岩手銀行、福井銀行、宮崎銀行など6行に出資した。今後、デジタル分野などでの連携に発展する可能性がある。

銀行と証券会社の連携も注目される。SBIホールディングスは、2019年の島根銀行への資本参加を皮切りにして、アライアンスを拡大してきたが、2021年に連携のコアとして新生銀行（現SBI新生銀行：2023年に非上場化）を傘下に収めた。SBIの優れた商品やノウハウを地域銀行に提供することで競争力の向上に一定の成果を挙げている。

野村証券は山陰合同銀行や福井銀行などの有力地銀との包括的業務提携を締結して、証券ビジネスを分業している。

統合や連携自体が目的ではなく、それを通じた競争力の向上の実現が期待される。

2020年	徳島大正銀行や十八親和銀行が合併により誕生
2021年	第四北越銀行や三十三銀行が合併により誕生 福井銀行が福邦銀行を子会社化
2022年	青森銀行とみちのく銀行が経営統合 愛知銀行と中京銀行が経営統合
2023年	八十二銀行が長野銀行を完全子会社化 ふくおかFGが福岡中央銀行を子会社化

チャイナリスク（中国の不動産バブル）

中国における不動産の投機的需要に伴う住宅価格上昇及び債務増加に対するバブル抑制政策が、中国経済の低迷を招き、金融市場及び貿易を通じて世界経済に影響を及ぼすリスク。

中国の不動産市場は、関連産業を含めるとGDPの2～3割を占め、同国の経済成長を支えている。中国の土地は国有であるため、同市場は不動産開発業者が地方政府から土地使用権を購入し、その土地に住宅を建築、消費者がこれを購入することで成り立つ。地方政府にとって、土地使用権の譲渡収入は貴重な財源であるため、住宅価格上昇は望ましく、同価格安定化のインセンティブが働きにくい。そのため、富裕層による不動産の投機的需要が増加し、住宅価格は上昇基調が続いた。一方、不動産開発業者は住宅建築費、消費者は住宅購入費を銀行から借りるため債務も増加した。

この状況を受けて、中国政府は2020年夏以降「共同富裕」の理念の下、不動産融資規制等の不動産バブル抑制策を導入した。これにより、不動産開発業者の資金繰りは厳しくなり住宅の建築が滞ったことから、消費者の住宅購入意欲は低下。その結果、多くの不動産開発業者の財務状況が悪化し、翌年には大手不動産開発業者が債務不履行に陥った。

市場調整で発生した不況の長期化は、債務危機、逆資産効果による家計の消費抑制等につながることで中国経済の低迷を招き、国内外の金融市場の調整や貿易を通じて世界経済にも影響を及ぼしかねない。

2022年後半以降、中国政府は不動産開発業者の資金繰り支援策や不動産需要喚起策を打ち出しており、今後の市場動向が注目される。

デジタルバンクラン

銀行の経営不安の情報がSNSなどを通じて急速に拡散し、瞬時に預金が引き出されて起こる銀行破綻。デジタル時代の取り付け騒ぎの意味で「デジタルバンクラン」と呼ばれる。

2023年3月10日に米地銀シリコンバレーバンク（SVB）が経営破綻し、同月12日にシグネチャーバンク、5月1日にファースト・リパブリックバンク（FRC）と、わずか2カ月足らずで3つの銀行が経営破綻する自体となった。

SVBの場合、同行の債券の売却による損失が発表されるとSNS上で経営懸念に関する書き込みが急速に拡散した。著名なベンチャーキャピタリストがSVBからの資金移動を薦めたといった話がシリコンバレー中を駆け巡り、破綻までの2日間に預金総額の約8割が引き出された。これほど急速な取り付け騒ぎは過去に例がない。

事態を重くみた**米連邦準備理事会（FRB）**や米FDIC（連保預金保険公社）は、危機時に生ずる損失への耐久力を高めるため、①中堅銀行に対する資本要件の引き上げ ②企業の決済用預金を全額保証の対象とする、などの対応案を提示した。SVBなど破綻3行はいずれも資産規模が1,000億～2,500億ドルで、大手行より軽めの規制が適用されていたことが背景にある。

デジタルバンクランのリスクは米国に限らずネット社会共通である。スマホ1つで預金を瞬時に引き出せる時代に、日本でも同様の危機が起きる可能性は十分にある。**金融庁**はメガバンクや一部地方銀行などを対象に、預金が大量流出した場合に十分対応できる体制が整っているかどうかモニタリングを強化する。

東証再編

東京証券取引所は、2022年4月に「プライム市場」「スタンダード市場」「グロース市場」の3つの新しい市場区分に再編された。市場の再編に伴い、上場基準等も変更された。

東京証券取引所(以下、東証)には、市場第一部、市場第二部、マザーズ、JASDAQ(スタンダード・グロース)の市場区分が存在した。2013年の大阪証券取引所の現物市場との市場統合後、市場関係者から市場構造や上場制度などについての問題点が指摘されるようになり、2018年から東証や**金融庁**で議論が重ねられ、2021年に現制度が固まった。

再編後の市場では、新規上場基準と上場維持基準が原則として共通化された。また、上場企業が他の市場区分に変更する場合は、変更先の市場区分の新規上場基準と同等の基準に適合しなければならない。

再編前は、新規上場基準よりも上場廃止基準の方が低かったため、上場後に上場時の水準を維持する動機付けが働かなかった。市場第一部に他の市場区分から移る際の基準が、市場第一部へ直接上場する基準よりも低かったことも問題とされた。市場再編により、こうした問題は克服された。

注目されたのは上場基準未達の企業だった。経過措置に期限が設けられ、期限までに基準未達のままだと上場廃止となることが決まり、2023年9月までの半年間は無審査でスタンダード市場へ移行できる特例申請が認められた。

再編を機に、企業価値向上への積極的な取り組みが求められている。

市場再編時に移行した企業とあわせて、市場第一部からスタンダード市場に移行した企業は500社を超えた。

パーパス経営

パーパスとは「なぜ当社は社会に存在するのか」という企業の根本的な「存在意義」「事業の目的、指針」。それを企業や働く人の行動や判断の基軸とするのがパーパス経営である。

従来、「会社は誰のものか、何のために存在しているのか」という命題に対しては、会社は株主のものであり、その事業遂行の結果、株主利益を最大化するということが最重要と考えられてきた。

しかし、事業環境の激変のなかで、利害関係者からの要請に応えていくためには、株主利益を最大化することが、社会からの要請に応えることにつながらず、さらには従業員のモチベーション低下などの問題を引き起こしやすいことが認識されるようになった。このような背景で生まれたのが、自らの長期的、普遍的な存在意義を定義し、そこから自らを取り巻く利害関係者の要請、ニーズにどのように答えていくか、そのための役割は何かということを再定義する「パーパス経営」である。

パーパスの定義にあたっては、企業のパーパス以外に、従業員のパーパスも設定、両社が同じベクトルを向くことが有用であるといわれている。

金融機関では、既存の預金、融資業務の差別化の難しさ、低金利下の高度な運用ニーズ、フィンテックの進展などの環境のほか、地球温暖化対応によるCO_2排出産業への融資の見直しなど利益極大化では動機にならない利害関係者からの多様な要請に応える必要が生じてきている。地域金融機関では、パーパスとして「地域の課題解決へ貢献する金融機関」を挙げ、融資、預金獲得を直接の目標としない営業活動を行う金融機関もある。

非財務情報開示

企業が開示する情報のうち、財務諸表等で示される定量的な情報とは異なる、定性的な情報を開示すること。非財務情報は財務情報を補完し、投資家による適切な投資判断を可能とする。

非財務情報の具体例として、企業の環境、社会、ガバナンス（ESG）に関連する情報や、企業文化、事業リスク・機会などの情報が挙げられる。近年、非財務情報の開示に対するニーズが高まり、それを求める動きが国際的に強まっている。

2000年以降、非財務情報について様々な開示基準が設立されていた。代表的なものとして、2000年に発行されたGRI（Global Reporting Initiative）ガイドライン、2013年にIIRC（International Integrated Reporting Council）が公表したフレームワークや、2017年の**TCFD（Task Force on Climate-related Financial Disclosures）**による提言などがある。

このように様々な非財務情報開示のフレームワークが存在するなか、2021年11月に国際財務報告基準（IFRS）財団のもと国際サステナビリティ基準審議会（ISSB）が設置された。2023年6月、ISSBがIFRSサステナビリティ開示基準として「サステナビリティ関連財務情報の開示に関する全般的な要求事項（IFRS S1）」と「気候関連開示（IFRS S2）」の最終版を公表した。これによって非財務情報の開示基準が統合される方向にある。

日本においては、2021年6月にコーポレートガバナンス・コードが改訂され、TCFDと同等の枠組みに基づく開示が実質的に義務付けられた。また、2023年度から有価証券報告書で**サステナビリティ情報の開示**が義務付けられている。

プロダクトガバナンス

プロダクトガバナンスとは「自社が提供している金融商品の運用の状態を確認・検証すること」を指す。金融機関にとって実効性のあるプロダクトガバナンスの確立が課題となっている。

プロダクトガバナンスは**金融庁**が「資産運用業高度化プログレスレポート」において提起したことにより、金融業界において注目されている概念である。

金融庁はこのレポートにおいて、資産運用会社が提供する金融商品について、組成段階から期待リターンが投資家の負担するコストに見合ったものとなっているか、組成後もコストに見合うリターンを提供できているか、商品性に合致した運用が継続可能かといった点を検証するよう求めている。

金融庁がこうした問題提起を行う背景には、本邦における金融商品の商品性や提供方法に対する問題意識がある。例えば、本邦の資産運用会社が提供するファンドには中長期的にパフォーマンスが低迷するものが数多く存在していることが指摘されている。また、ファンドラップや仕組み債といった一部商品では、複雑かつ高リスクな商品性が投資家にとって認知されないまま販売されている現状があることも指摘されている。こうした状況に対して、より実効性のあるガバナンス体制の構築が求められているのである。

直近ではとりわけ仕組み債の販売が問題視されており、不適切販売を理由に行政処分勧告を受けた金融機関もあるなど、業界全体で取り扱いを見直す動きが出てきている。顧客利益優先に根差した体制構築は金融機関にとって喫緊の課題である。

マテリアリティ

マテリアリティ（Materiality）とは、「重要性」「重要な課題」の意味を持つ言葉である。近年、SDGs、ESGの達成に絡めて自社のマテリアリティを設定、公表する企業が増えている。

マテリアリティとは、元々は「重要性」「重要な課題」の意味を持つ言葉だが、企業経営では「優先すべき重要な課題」として捉えられる。近年は、SDGs、ESGの達成に向けて具体的な行動目標、取り組むべき課題を特定、優先順位を付けてマテリアリティとして公表する企業が増えている。

元々は財務報告などで使用されていたが、非財務情報の開示が注目されるなかで、社会問題、環境問題への取り組みを利害関係者に分かりやすく説明するためにマテリアリティとして公表されるようになってきた。

地方銀行など地域金融機関でも存在意義としての「**パーパス**」、その実現のための重要な課題としての「マテリアリティ」を設定、公表しているケースが増えている。

例えば、ESGにおける社会性の観点から、「地域社会に貢献する金融機関」というパーパスが設定され、そのための優先的な取り組み課題として「地域の活性化」「地域の課題解決」というマテリアリティが設定される。そこから具体的な取り組みとして、地域おこしのための**地域商社**の設立、各種プロジェクトへの参加、連携、新事業、新分野への取り組みなどの具体的な施策に落とし込まれていく。

重要なのは、「中期経営計画」などと違って長期的な取り組み視点の行動目標であり、売り上げ、利益などの計数目標につながるものではないということである。

マルチステークホルダー

企業などの組織を取り巻く株主、消費者、従業員、取引先など広範な利害関係者のこと。株主価値最大化から、マルチステークホルダーを意識した経営へシフトが進みつつある。

マルチステークホルダーへの関心の高まりは、新自由主義的な資本主義の行き過ぎた部分を是正する動きが背景にある。企業は株主価値最大化という伝統的な考え方ではなく、株主、消費者、従業員、取引先など多様なステークホルダーを意識した経営にシフトすべきとの議論が世界的に高まっている。

日本では令和4年度税制改正の「賃上げ促進税制」において、税制適用要件に「マルチステークホルダー方針の公表」が盛り込まれたことで注目が高まった。本税制では賃上げや人材育成への投資を積極的に行う企業に対し、一定の要件を満たせば雇用者給与等支給額の前年度からの増加額の一定割合が法人税額または所得税額から控除される。ただし、資本金10億円以上かつ従業員数1,000人以上の大企業については、マルチステークホルダー方針を公表していることも要件とされた。

三菱UFJ銀行は、2023年7月に「マルチステークホルダー宣言」を行い、「価値共創や生産性向上によって生み出された収益・成果について、マルチステークホルダーへの適切な分配を行うことが、賃金引き上げのモメンタムの維持や経済の持続的発展につながり、当行の企業価値向上への好循環も生む」とし、「従業員への還元」「取引先への配慮」「その他のステークホルダーに関する取組」を公表した。大手行のみならず、地銀等でも方針の策定が進んでいる。

ATM連携と手数料の引き上げ

複数の金融機関が共同でATMを運用すること。収益環境が改善しない銀行業界では、これまで無料としていたサービスに対する適正な対価を手数料として徴収する動きが広がっている。

現金自動預け払い機(ATM)を複数の金融機関で相互に利用可能とするATM連携が増加している。提携した金融機関相互の取り決めによって、預金者は自身が口座を持つ金融機関以外のATMでも、相互利用可能な金融機関のATMであれば利用可能となり、自身が口座を持つ金融機関のATMを利用する場合の手数料と同水準となるケースもある。

複数の金融機関同士のATM連携・共同化が進む背景には、社会のデジタル化に伴い、金融機関の持つ伝統的なATM網が合理化の対象となっていることが挙げられる。

経済産業省の推計によると、現金決済インフラを維持するためのコストは、業界全体で年2.8兆円に上るとされる。

ATMの台数を削減することは、金融機関における経営合理化の1つの手段となっている。

ATM台数の削減による顧客の利便性低下を防ぐことを目的として、複数の金融機関によるATMの相互連携や、ATMを共同で運用する取り組みが拡大している。また、キャッシュレス決済の拡大に伴い、現金の利用頻度が低下してきていることも、ATM台数の削減と、それに伴うATM連携・共同化を後押ししている。

2023年8月にキャッシュレス推進協議会から公表された「キャッシュレス・ロードマップ2023」によると、2021年の日本のキャッシュレス決済比率は32.5%に上昇しているが、欧米諸国と比較すると低い水準にある。政府は、2025年にキャッシュレス比率40%に到達することを目標としている。

都市銀行などが設置するATMは、年々その数を減らしている。全国銀行協会の決済統計年報によると、都市銀行、地方銀行、信用金庫、信用組合、労働金庫などが設置するATMの台数は、2022年9月末には8万9,232台となり、1年前から4%減少した。ピークだった1999年の11万8,599台からは約25%減った。

銀行業界では、依然として収益環境が改善されていない。低金利により金利収入が減少し、マネーロンダリング（資金洗浄）等規制対応に要する経費も増加している。また、経済産業省のキャッシュレス推進室の推計によると、現金関連業務の窓口人件費は業界全体で4,100億円に上っている。収益性を確保するため、銀行はキャッシュレス決済の拡大に伴い、顧客がデジタルサービスへ移行するように促し、これまで無料としていたサービスに対する適正な対価を手数料として徴収する動きが広がっている。具体的には、新規口座を開設して紙の通帳を発行する際に手数料を徴収する、一定期間以上利用していない休眠口座から維持手数料を徴収する等の動きがみられる。三菱UFJ銀行は、2023年10月から店舗の窓口、ATMの振込手数料を引き上げた（インターネットバンキングの振込手数料は据え置きとしている）。同11月以降に外国送金にかかる手数料も上げる予定である。また、窓口業務を縮小する動きがみられるが、高齢者等への店舗窓口における対応のため、一定の割合でサービスを維持している。

今後金融機関は、顧客の利便性を損なわないように効率を高めて収益性を改善し、情勢と顧客のニーズを見極めながら、成長のために資金を確保して投資する難しい舵取りに直面している。

LGBTQと金融機関

金融界では、LGBTQ向けのサービス提供は一般化しつつある。社内組織・制度への反映や内外への発信も多く、DEIの一環として重要経営課題の1つと認識されるようになってきた。

企業における多様性への対応が注目されるなか、金融機関でもLGBTQ（Lesbian、Gay、Bisexual、Transgender、Questioning：自らの性のあり方が分からない・特定の枠に属さない人、またはQueer：性的少数者全体を包括的に指す）への取り組みが進む。

顧客向けには、同性パートナーを配偶者や親族と同様に扱う金融サービスの提供が、ここ数年で一般化。例えば保険金の受取人や補償対象、住宅ローンの連帯保証人・連帯債務者、信託の受取人、銀行口座・証券口座やクレジットカードの共同利用（家族利用）といったサービスである。これらは、2015年に東京都渋谷区で始まった同性パートナーシップ制度を契機に大手金融機関から始まったものが多い。自治体の同様制度は2023年6月時点で328自治体・人口カバー率70.9%に拡大、歩調をあわせ地域金融機関などのサービスにも広がった。

役職員向けにも、自治体や自社の同性パートナー制度の就業規則反映や福利厚生制度適用、全社研修の実施などの取り組みが進む。さらに、プライド月間・東京レインボープライド等のLGBTQ支持イベントへの参画や啓蒙活動など広く社会に向けた発信もみられる。サステナビリティ経営とともに「DEI（Diversity：多様性、Equity：公正性、Inclusion：受容・包摂）」の取り組みとして、ホームページやディスクロージャー誌で公表するケースも増えている。

PBR

「Price-Book value-Ratio」の略。株価純資産倍率、すなわち、株価が1株あたり純資産に対して何倍かを示す指標であり、1倍を割っていると現在の株価が解散価値以下であることになる。

PBRは、株価純資産倍率、すなわち株価が1株あたり純資産に対して何倍かを示す指標のことであり以下の計算式で求められる。

PBR＝株価÷（純資産÷発行済み株式数）

PBRの目安とされるのが1倍であり、株価＝1株あたり純資産は、その時点で株価が企業の解散価値と等しいという意味である。

PBRについては、2023年3月末日に東京証券取引所が「資本コストや株価を意識した経営の実現に向けた対応について」を公表。そのなかで、PBR1倍割れの企業は「十分な市場評価を得られていない」とし、現状分析や評価改善を促したことが注目されるようになったきっかけである。改善要望の対象はプライム・スタンダード市場の上場会社であり、PBRの改善も含めて現状分析、計画策定・開示、取り組みの実行を求めている。

この要請により、東証に上場する日本企業のガバナンスが改善され、株価が上昇していくことが期待され、3月末時点で2万8,000円程度だった平均株価が、その後に3万3,000円を超える水準まで上昇したこともPBRが注目される一因となった。

また、PBRが1倍未満の銘柄から、利益水準、財務状況等を勘案し投資銘柄を選定した「PBR1倍割れ解消推進ETF」も組成され、2023年9月に東証に上場されるなどPBR1倍未満解消が市場にとって大きなテーマとなっている。

SVBの経営破綻と金融不安

SVBの経営破綻はインターネット時代における銀行破綻の最新事例となった。同行の破綻に端を発する金融不安は短期で収束したものの、その後の金融行政に影響を及ぼしている。

シリコンバレーを本拠とするSVB（Silicon Valley Bank）は、スタートアップ企業とその経営者と取引する銀行であった。コロナ禍の超金融緩和の局面の下で、SVBの取引先企業には潤沢な資金が集まり、2021年末のSVBの預金量は2年前の約3倍に激増した。この間、SVCは集まった過剰な預金の多くを長期債で運用した。ところが、2022年に金融引き締めに転じると、資金繰りが悪化した取引先が預金を引き出すようになり、保有債券には含み損が発生した。債券を損切りして売却し、預金の引き出しに対応したため、SVBの自己資本は目減りした。

2023年3月に大手仮想通貨業者が経営破綻し、同社の取引銀行が経営不安に陥った。この余波がSVBに波及し、経営難の噂がSNSを通じて短期間のうちに拡散した。ネット取引によりわずか数日で巨額の預金が流出したSVBは、経営破綻に追い込まれた。

SVBは預金保険対象外の大口預金が多かった。他銀行に取り付けが拡大することを避けるため、SVBの預金は全額保護された。銀行向け緊急融資の導入なども奏功し、金融不安は短期間で収束した。

将来の銀行破綻を防止するため、米金融当局は中堅銀行の自己資本規制を強化する方針である。日本の**金融庁**も今回のSVBの破綻に強い危機意識を抱いており、2024年6月までに大手行などを対象として、預金流出リスクの対応状況を検証する予定である。

Z世代、α世代対応(若年層対応)

Z世代とα世代は1990年代後半以降に生まれたデジタルネイティブ世代である。他の世代でも若者と似た特性を持つ人が増加しており、金融機関は若年層対策を強化している。

米国では、1990年代中盤から2000年代終盤（ないし2010年代初盤）に誕生した人たちがZ世代、それ以降に誕生した人たちがα世代と呼ばれている。近年、日本国内でもZ世代やα世代や、これらをあわせたデジタル世代（以下、デジタル世代を使用）という言葉が広く使用されている。

既存金融機関はデジタル世代との取引拡充対策に本腰を入れ始めている。その背景としては、①若年層の金融取引（給与振込、NISA等）のネット銀行やネット証券等への流出 ②相続により次世代に資産が移転することを見据える必要性の増大 ③若年層と類似した行動特性を持つ中高年者の増加などが挙げられる。

若年層対策としては、①取引拡大を狙ったインターネット専業銀行の創設や、ネット証券との提携 ②SNSを活用したマーケティングの強化 ③取引アプリの機能向上 ④ネット広告の強化などが挙げられる。

これらのうち、インターネット上にあふれているネット広告はデジタル世代に対する訴求効果が薄いといわれている。一方、SNSはこの世代の情報入手の中心的な手段となっており、重要性が高い。

デジタル世代は欲しい情報は瞬時に入手できるのが当然だと考えている。利用明細等のデータに関しては、即時に確認できるサービスを希望する人が多い。こうしたニーズに対し、金融機関はきめ細かく対応する必要がある。

V 働き方・雇用

人的資源を活用する観点で、アルムナイ（離職・退職者）と交流やネットワーク化を始める金融機関が増えている。みずほフィナンシャルグループは2023年9月にアルムナイと現役社員の初の交流会を開催した

アルムナイ(離職・退職者)活用

アルムナイ（alumni）とは「卒業生」「同窓生」を意味する語であり、転じて企業の離職・退職者の集まりを指す。退職者を活用する人事制度において用いられる用語である。

企業の退職者や離職者を人的資源として活用する人事手法は、雇用の流動性が高い外資系企業にとって一般的である一方、終身雇用制度が根強い日系企業にはあまりみられない制度だった。しかし、昨今では終身雇用制度の見直しなどを背景に、アルムナイ活用の諸制度が推進されるようになっている。

アルムナイを活用する制度には大きく分けて2種類ある。1つは退職者を再雇用する「カムバック採用」である。退職者は通常の中途採用者と異なり、企業とのミスマッチが生じないケースが多く、さらに、異なる企業での経験や知見を交えながら、以前の経験を生かして即戦力として活躍することも期待される。金融機関においても、アルムナイ採用を制度化する動きがみられる。

もう1つは、企業が主体となり退職者や離職者のコミュニティーを形成する取り組みである。企業はこの取り組みにより、社外組織とも強いリレーションを築き、情報共有や業務提携といった組織間の連携を行うことが可能となる。

また、こうした社外コミュニティーは対外的な企業価値の向上や採用ブランディングにつながる側面もあるため、注目が集まっている。直近では3メガバンクを中心にアルムナイ向けの交流サイトの開設や交流会の開催などの動きがみられることから、アルムナイ活用に取り組む金融機関は徐々に増えている。

インフレ手当

アフターコロナへの移行やロシアによるウクライナ侵攻による物価高が継続するなか、「インフレ手当」の支給を通じて従業員の生活支援を実施する企業が増えている。

2021年以降、世界では急激なインフレが継続している。この背景には新型コロナウイルスによる経済的混乱が正常化に向かっていること（アフターコロナへの移行）でエネルギー需要が急激に増加したことや、2022年2月以降のロシアによるウクライナ侵攻による影響が存在する。

本邦においては、主に資源価格の高騰が原因で物価高が継続しているとされ、これにより家計の負担も増大している。

こうした物価の上昇に対して、政府は電気・都市ガス料金の負担軽減政策を通じた消費者物価上昇の抑制に取り組んでいるが、その一方で従業員の生活支援を目的として、独自の施策に取り組む企業も増えている。「インフレ手当」はそうした企業の取り組みにおいて主としてみられる制度の1つである。

インフレ手当の支給方法は主に、一時金としての臨時支給と給与への上乗せ（月額手当）の2種類がある。インフレは一時的なものという見方から、より柔軟性の高い臨時手当による支給を行う企業が比較的多い。

金融機関においてもインフレ手当支給の動きは活発化している。なかには、物価対策の手当を一時金で支給すると発表すると同時に、持続的な賃上げを見据えて人事制度改革の検討も併せて発表するなど、臨時支給と給与への上乗せの両面から取り組む動きもみられる。

ウェルビーイング経営

従業員が身体的・精神的に健康かつ社会的にも満たされる組織・職場環境をつくり、従業員の仕事への意欲やエンゲージメントを高める経営のこと。

ウェルビーイング（Well-Being）は1946年に世界保健機関（WHO）憲章の前文で「身体的・精神的・社会的に満たされた状態」と初めて定義された。

昨今ウェルビーイング経営が注目されるようになった背景として、SDGsのGoal3の「すべての人に健康と福祉を」やGoal8の「働きがいも経済成長も」にウェルビーイングの必要性が盛り込まれていることや、コロナ禍により働き方が多様化した（リモートワークの普及、**副業・兼業**など）ことが挙げられる。

日本では、経済産業省が推奨する「健康経営」により、従業員の健康管理を経営的な視点で考え、健康投資を行い、従業員の活力向上や生産性の向上等の組織活性化を目指してきた。

ウェルビーイング経営も目指すところは同義であるが、心身の健康に加えて従業員の社会的満足度の充足が必要と定義しており、職場の人間関係や仕事へのやりがいを満たすことが求められる。

ウェルビーイング経営の実現はエンゲージメント向上につながり、生産性の向上や帰属意識が高まることによる離職防止などが期待できる。

金融界のウェルビーイング経営への取り組みは今のところ限定的であるが、福井銀行では、ウェルビーイングを中期経営計画の中核に据えるなど、金融業界においても今後取り組みが広がっていくことが期待される。

エンゲージメント醸成

エンゲージメントとは「企業の目標と、従業員の貢献したい方向性が連動している状態」である。各種施策を通じた醸成で人材流出の抑制や生産性向上への寄与が期待されている。

人事領域におけるエンゲージメントとは、「企業の目指す未来と、従業員が貢献していきたい方向性が連動している状態」という意味を指す。

エンゲージメントという概念が注目される背景には、人材流出の抑制や労働生産性等の向上を課題とする企業が増加している状況がある。ジョブ型雇用や成果主義へのシフト、**副業**解禁、リモートワーク導入等により、自分に合った職場・働き方を求めて転職・退職をする人材は増加しており、企業は将来の幹部候補等の人材流出を抑制する必要に駆られている。また、労働人口の減少等に伴い、限られた人員で成果を出すために、生産性を向上させることが必要となっている。

これに対して、従業員が仕事に対してポジティブで充実した状態であることが有効に作用するといわれているため、エンゲージメント醸成に取り組む企業が増えている。主な施策として経営者の考えを従業員へ周知することや、人事異動の活性化や権限移譲によるやりがい創出などがみられる。

金融機関においても成果主義型報酬体系の導入や副業解禁等による多様な働き方を認める取り組みと並行して、エンゲージメント醸成の取り組みがなされている。エンゲージメントを可視化し、取り組みの効果を検証するために、パルスサーベイと呼ばれる定量調査を実施する金融機関も増加している。

健康経営宣言

健康経営宣言とは、企業や組織が従業員の健康を維持・増進させることを目的として、健康に関連した取り組みを社内外に宣言すること。

「健康経営」は経済産業省が推奨する取り組みであり、従業員等の健康保持・増進の取り組みが生産性の向上など組織の活性化をもたらし、将来的に企業の収益性等を高める投資であるとの考えのもと、健康管理を経営的視点から考え、戦略的に実践することと定義されている。

健康経営を実践することで、従業員のパフォーマンス向上や生産性向上につながり、企業の業績向上や企業価値向上に寄与することが期待されている。

そういった健康経営の取り組みを社内外へ宣言することを「健康経営宣言」と呼び、社外に発信して取り組みをコミットすることで実効性につなげていく。そして、社内への発信は従業員の意識向上に効果がある。また、社外へ発信することで、企業価値が高まり、優秀な人材の確保や投資家からの評価の向上などといった効果も期待できる。

金融業界でも多くの金融機関が健康経営宣言を実施している。優良な健康経営に取り組む企業を可視化して表彰する制度である健康経営優良法人（ホワイト500）にも複数の都市銀行や地方銀行、信用金庫、保険会社などが表彰されている。また、複数の金融機関が健康経営優良法人認定や健康企業宣言認定を受けた企業向けに金利優遇した融資の提供、従業員向けに個人ローン商品・定期預金を提供することで、取引先企業の健康経営の導入を促進している。

高齢者雇用・活用

2021年4月から事業主に70歳までの就労確保努力義務が課された。少子化に伴う労働力不足が深刻になるなか、職場のスキル維持等のためにも高齢者雇用に前向な工夫が求められる。

法制度上企業の定年時期は55歳から60歳（1985年に努力義務、98年義務化）となり、2013年65歳までの継続雇用が義務化され、2021年4月からは70歳までの就労確保努力義務が課された。近年少子高齢化が急速に進むなか、定年自体を60歳から65歳以上に延長する企業（厚生労働省調査2017年→2022年；17.1%→24.1%）や70歳以上でも働ける企業（同22.6%→38.2%）が急増している。また、定年制を廃止する企業も若干増えている（同2.6%→3.1%）。

元来働く意欲のある高齢者がその能力を十分発揮できる環境の整備は、高齢者の生活を豊かにし、その生きがいを高めるだけでなく、マクロ的にも国民所得の落ち込みを回避し社会経済の安定維持に貢献する。このため政府は、①65歳超継続雇用促進 ②高年齢者評価制度等雇用管理改善 ③高年齢者無期雇用転換を促進するための助成金を各々用意して、高齢者雇用を促進している。

金融機関では、採用時期による人員多寡の調整、現場におけるスキルや教育レベル維持向上の観点、専門性の高い人材確保等の見地から、60歳以上の再雇用制度を導入する先が多く、既に70歳までの契約社員制度を導入した先もある。健康状況等に応じた弾力的な働き方（勤務時間短縮オプション付与）の工夫や成績優良者への報奨金支払い等高齢者の勤務意欲維持向上の施策を行う先も少なくない。

最低賃金制度

雇用に際し使用者が最低賃金法で定めた額以上の賃金を支払うとする制度。地域別と産業別の2種類があり、低い賃金を労使で合意しても無効となる。不履行には罰則がある。

制度の目的は、全ての労働者に最低限の賃金を保障することで労働条件を改善し、労働者の生活安定、労働力の質的向上、事業の公正な競争の確保を図って、国民経済の健全な発展に寄与することにある。

最低賃金には、地域別と特定産業別の2種類がある。地域別最低賃金は、各都道府県の事業所で働く全労働者に適用される。特定産業別最低賃金も都道府県の業種ごとに定められ、当該都道府県の特定業種の全労働者に適用される。いずれも中央最低賃金審議会または地方最低賃金審議会の意見により、厚生労働大臣または都道府県労働局長が決定する。

それぞれ罰則があり、地域別最低賃金額以上の賃金額を支払わない場合には50万円以下、特定産業別最低賃金額以上の賃金額を支払わない場合には、労働基準法により30万円以下の罰金が規定されている。

最低賃金法は、障がい者、パート・アルバイト、試用期間中の労働者も適用対象となる。最低賃金に算入できない賃金には、①賞与 ②1カ月超の賃金 ③残業代 ④休日労働分 ⑤深夜労働手当などがある。計算上、賞与や残業代とあわせて最低賃金以上であっても、通常賃金が最低賃金を下回っている場合は違法となる。

なお、2023年10月から施行される地域別最低賃金は、最低額は岩手県893円、最高額は東京都1,113円、全国加重平均額は1,004円（改定前961円）となっている。

週休3日制

週や1日あたりの労働時間を見直し、有能な人材獲得と一人ひとりの能力の最大限の発揮を目的とした、柔軟で多様な働き方を提供しようとする働き方改革の動きの1つ。

働き方改革が浸透し、働く時間と場所の柔軟性は社会全体で高まる傾向にある。「週5日出社」「固定化された始業・就業時刻」は唯一の選択肢ではなくなり、選択肢の1つとなった。「それぞれの状況に応じた場所で、働きやすい時間帯に働く」という働き方のバリエーションはより豊かになっており、週休3日制もこうした働き方改革の1つである。

週休3日制は大きく3つに分類される。まず、週あたりの労働時間を変えず1日あたりの労働時間を増やし、収入減とならない方法。次に、1日あたりの労働時間を変えず、週あたりの労働時間の減少に応じて収入減とする方法。最後に、1日あたりの労働時間も収入も変えない（週あたりの労働時間が8割となるが収入も変えない）という方法である。企業がどの方法を選択するかは、他の施策や評価制度と関連して決定される。働く時間と場所の柔軟性を高めることで、有能かつ多様な人材の獲得につなげている。

週休3日制の浸透のハードルは不公平さにある。組織内に週休2日と3日の従業員が存在すると、収入や評価が異なるほか、全員が同じ時間帯に稼働しているとは限らないため相互連携が図りにくい、といった課題が存在する。働く時間量と評価・収入を連動させる制度を導入する企業が一般的であり、相互連携についてはグローバル企業の「時差を越えて連携する」ための取り組みを生かす方法がある。

出生時育児休業制度(産後パパ育休制度)

2022年の出生時育児休業法施行で、男女とも育児休業とは別に出生後8週間以内に4週間まで休暇が取得可能に。2023年改訂により一部で出生時育児休業給付金も受給可能となる。

出生時育児休業制度（産後パパ育休制度）は、出生後から女性の産後休暇と同じく8週間以内で4週間までの育児休業が取得可能な制度で、休業予定日の2週間前までに申請することで取得可能になる。

特徴は2回に分けて分割取得できる点である（要事前申請）。労使協定締結があれば、労働者が合意した範囲内で休業中に就業することも可能となる。

主な改正ポイントは4つ。①従来の育児休業と産後パパ育休の両方が取得可能で、両方で4回まで休業を分割取得可能となる ②2022年4月から「全ての事業主」は、妊娠・出産を申し出た労働者に対する周知徹底と意向確認、さらに取得しやすい環境整備義務を負う ③2023年4月から、職員数1,000人超の事業主は男性の育児休業の取得率の「公表」が義務化される ④さらに、2023年8月の改訂によって、雇用保険被保険者に対し、育児休業と同じく雇用保険から最大で休業前賃金の67％相当の「出生時育児休業給付金」が支給されることとなった。

雇用保険被保険者が、原則1歳未満の子を養育するために育児休業を取得した場合、一定の要件で育児休業給付金の受給が可能となる。その他社会保険料免除や税金の負担減などもあり、収入面の不安が軽減される。

2022年の男性の育休取得率は17.13％で過去最高。逆に女性の取得率は80.2％で4.9％低下した。

ジョブ型人事制度

職務を明確にし、年齢等とは切離して職務の価値に応じて報酬を支払う人事制度。欧米企業で発達し、日本企業でもグローバル企業への脱皮を目指して導入する先が増えつつある。

ジョブ型人事制度とは、ポジションごとに職務内容を明確に定義したジョブディスクリプション（職務記述書）に基づき、その職責の重さに応じ処遇を図る人事制度で、欧米中心に発達してきた。この制度には、①ポジションに見合った人材を獲得しやすい ②経営・事業への貢献を報酬にリンクさせやすい ③年齢や勤続年数に左右されない処遇が可能 ④専門性強化に適する反面、①上位職位へのアサインが硬直化しやすい ②組織変更の都度ジョブディスクリプションの見直しが必要などの課題もある。

これまで日本では、終身雇用を前提にジョブローテーションを繰くり返しながら会社に最適な人材を育成、年功や能力向上に応じた処遇を図るメンバーシップ型人事制度が主流であった。しかし、近年①中途人材や専門人材の適切な処遇を図る ②多様な働き方を導入する ③真にグローバル企業になる、といった観点からジョブ型人事制度への移行を図る企業が増加している。人的資本経営の考え方も、これを後押ししている。

こうした状況下、政府は2023年5月に、構造的賃上げ、同じ職務での内外賃金格差縮小、性別・年齢等による賃金格差の解消を目指して、三位一体の労働改革の指針を決定し、**リスキリング**による能力向上支援、成長分野への円滑な労働移動とともに、個々の企業の実態に応じた職務給の導入を進めることとした。

自律型人材の育成

環境変化に迅速に対応するために、指示待ちの状態ではなく、自ら考え能動的に行動する人材を育成すること。柔軟な働き方の実現に伴い重要性が増している。

企業が置かれている事業環境の変化に迅速に応じるために、自らの意思を持って目的や意義を踏まえ、能動的に行動を取る人材の育成が急務となっている。

いわゆる"指示待ち"の状態では、指示する側が忙しい時などに指示がないと行動が取れず、業務が進まないことも考えられる。そこで、企業活動に貢献するための行動や対応について自ら考え、実行する従業員の存在が欠かせなくなっている。つまり、自律型人材の育成は、企業の存続と継続的な発展のために欠かせないといえる。

自律型人材の育成には、従業員自身が経営理念や事業戦略に関して理解することが必要になる。企業側は「自社がどこに向かうのか」「求められている行動とは何か」を、従業員自らが判断できる状態に導くようなプログラムを構築する必要がある。

また、一人ひとりの育成だけでは、自律型人材の能力を最大限に発揮させることはできない。全組織的に心理的安全性を確保し、従業員が能動的な行動を起こしやすい状態をつくることや、効果的なフィードバックの仕組みを導入することで、より適切な行動へと軌道修正していくことも求められている。

働く時間と場所の柔軟性が高まり多様な働き方が一般化した現代社会においては、限られた時間のなかで高い成果を出すという「時間自律性」も求められるだろう。

心理的安全性

心理的安全性とは、あるチームや組織においてメンバーが自分の考えや行動を不安に感じることなく共有できる状態を指す。組織行動学の研究者エドモンドソンが提唱した概念。

1999年、当時ハーバードビジネススクールの教授であったエイミー・エドモンドソンは、心理的安全性を「対人関係のリスクを負うことに対して安全だという信念がチーム内で共有されている」状態であると定義した。すなわち、チーム内のメンバーがお互いの信頼関係に基づいて「このチームでは自分の発言が否定されたり、罰せられたりすることがない」「支援を求めたりミスを認めたりしても制裁を受けることがない」と信じている状態を指す。

心理的安全性は現在、主としてES（従業員満足度）の観点から人事領域で注目されている。すなわち、心理的安全性の担保により仕事に対するポジティブで充実した状態（エンゲージメント）が生まれ、チームの生産性向上や、人材のリテンションにつながると考えられている。昨今では金融機関においても、オープンな意思疎通やコミュニケーションの活性化を通じて心理的安全性を担保する動きがみられる。

見方を変えれば、組織内において心理的安全性が担保されていない場合、不適切な行為に従業員が意見を述べることができないため、不祥事の発生・深刻化のリスクが高まる可能性がある。大手証券会社による相場操縦等、企業の存続にかかわる重大な不祥事が発生している昨今、リスク管理の観点からも心理的安全性の担保は重要な課題となっているといえる。

脱ノルマ

脱ノルマとは、金融業の特徴的な営業であった数値目標による営業を、金融商品多様化や人材高度化に対応させるため、新たな営業指針として打ち出した戦略的営業概念である。

金融機関のノルマ営業により、過去多くの不祥事や事件が社会問題となった。これらの事件の原因がノルマ営業にあると指摘され「脱ノルマ」を銀行に志向させた。

本来、ノルマとは「平均、標準、行動規範、模範」を意味する「経営上の最低限の必達目標」を指すものであり、そこでは組織的な強制も存在しないはずであった。

全国銀行協会によると、2022年度の経常利益は、株式等関係増加や貸倒引当金の大幅な減少等から31.9％増益となった。それでも増益は63行にとどまり、減益は44行、経常損失も2行あり、苦戦が続く。

ノルマ営業の弊害は多発するコンプライアンス違反にあるが、本質的には金融機関の信用喪失であり、金融ビジネスモデルそのものの崩壊を意味している。

コロナ禍での営業は、「都心中心型」から「多極型」へ、「対面営業＆紙重視」から「リモート営業＆データ活用」への転換が求められた。

2023年には、徐々にコロナ禍前の営業に戻りつつあり、従来の対面型「フィールドセールス」をモバイル型の提案力強化に特化し、非対面の「インサイドセールス」は、案件発掘・醸成だけでなく、DXやデジタルアプリを駆使した顧客対応等に軸足を移すことが求められる。こうした「リレーションシップバンキング実現」のため「高度専門人材、ICT人材、事業創造人材の活用」を早期に実現すべきである。

タレントマネジメントシステム

社員のタレント（能力・資質・スキル等）をデータで一元的に管理・共有し、戦略的かつ効果的な人材配置・育成につなげる支援ツールを、タレントマネジメントシステムと呼ぶ。

タレントマネジメントはトップ人材の確保・育成を目的に1990年代に米国で生まれた考え方である。

日本でも2010年代頃からタレントマネジメントへの関心が高まっている。企業間競争がグローバル化し、世界で競り勝つ力を持った人材を確保・育成することが重要になっている。また、生産年齢人口の減少や高齢化により､「今いる社員でいかに最大限のパフォーマンスを発揮できるか」という意識が高まったこともタレントマネジメントへの注目につながっている。

社員一人ひとりのタレントに関する情報を管理・分析する上でシステム化は不可欠であり、それによって生かしきれていなかった社員のタレントを発掘でき、適正な人材配置・評価で社員のモチベーション向上も期待できる。サイダスのタレントマネジメントシステムには､「デジタル人材比率」「高ストレス社員比率」など同社独自の約60指標が掲載される。

金融機関がタレントマネジメントシステムを導入する事例も増えている。名古屋銀行は2020年10月に人事考課制度を改定し、各行員のスキルの可視化するツールとしてタレントマネジメントシステムを導入した。京都中央信用金庫は､2023年7月にタレントマネジメントシステムを導入した京都中央信用金庫は、プロ職員養成に向けた講座の習得状況を可視化し、受講者に習熟度などの情報を提供する。

ハラスメントの防止

ハラスメントとは、他者に対する発言・行動が本人の意図にかかわりなく相手の尊厳を傷つけるとか、相手に不快感、脅威、不利益を与えること。その防止は職場管理の要諦の1つ。

ハラスメントには、パワハラ(職場内の優位性を背景に、業務の適正な範囲を超えて、精神的·身体的苦痛を与える、または職場環境を悪化させる行為)、セクハラ(相手が不快ないし尊厳を傷つけられたと感じるような性的言動)、カスハラ(顧客や取引先からの暴行、脅迫、ひどい暴言、不当な要求等の著しい迷惑行為)等多くの種類がある。

本人には別の意図があったとしても、相手方が不快に思えばハラスメントは成立し得る上、近年年齢、性別、宗教、国籍等による価値観の相違が大きくなり、かつSNS等による拡散リスクが増大しているなかで、働きやすい職場作りの観点だけでなく、企業のレピュテーション維持の観点からも、職場管理上重視すべき事項となっている。

パワハラについては、労働施策総合推進法の改正により2020年6月から事業主に防止義務が課された(中小企業は2022年4月から)。①パワハラ防止方針等の明確化とその周知・啓発 ②窓口設置等相談に適切に対応する体制整備 ③事後の迅速かつ適切な対応 ④プライバシー保護や相談したことによる不利益な取り扱い禁止が義務付けられている。

カスハラ事例が目立つなか、厚生労働省は事業主に対して、①カスハラの相談に応じ適切に対応するための体制の整備等を行うことが望ましい ②被害を防止するための取り組みを行うことが有効等と定めた告示も出している。

副業・兼業

本業以外の仕事に従事すること。一般的には、兼業は「複数の仕事に従事すること（自営業も含む)」、副業は「複数従事している仕事のうち、本業以外の仕事」とされる。

副業・兼業を希望する者は年々増加傾向にあり、多くの企業・組織で副業が解禁されてきている。

その形態は、アルバイト、会社役員、起業による自営業主等様々である。これまで多くの企業は、自社での業務がおろそかになること、情報漏えいのリスクがあること、競業・利益相反を理由に副業・兼業を認めていなかった。

しかし、副業・兼業は個人にとって収入の確保、やりがい、スキルアップの機会であり、企業にとっても労働者が社内では得られない知識・スキルを獲得したり、新たな知識・情報や人脈を入手できるメリットがある。厚生労働省は2018年にモデル規則を改訂し､「労働者は、勤務時間外において、他の会社等の業務に従事することができる」とした上で事前の届け出を義務づけ、禁止・制限が必要なケースを明示する形に変更した。

多様な働き方が社会全体で許容されるようになり、副業・兼業という労働形態はさらに進むとみられる。複数の仕事を通算した労働時間が過重労働にならないよう健康管理を徹底することが重要。労災保険給付のあり方も検討が求められる。

<副業者数の変化>

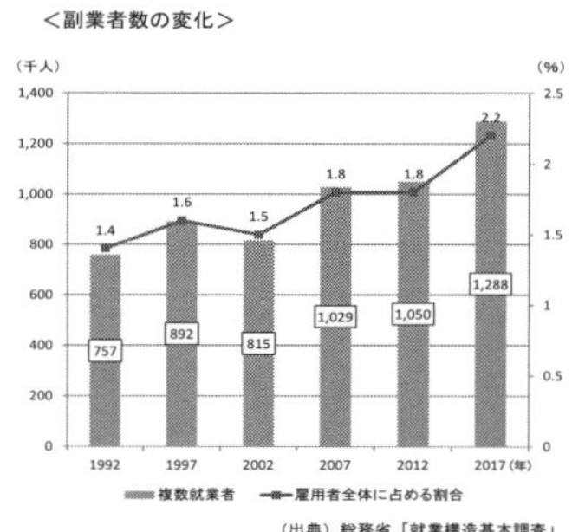

（出典）総務省「就業構造基本調査」

ベア・賃上げの継続性

日本労働組合総連合会の発表では、2023年の賃上げ率は30年ぶりの高水準となった。賃金と物価の好循環の実現に向けて、今後もベア・賃上げの安定的な継続が求められている。

日本労働組合総連合会（連合）が公表した「2023春季生活闘争 第7回（最終）回答集計結果」によると、2023年のベア（「ベースアップ」の略称で、基本給の水準を一律で引き上げること）と定期昇給（従業員の年齢や勤続年数等に応じて給与を定期的に引き上げること）をあわせた平均賃上げ率は3.58％と、1993年以来30年ぶりの高水準となった。高水準となった背景として、記録的な物価高を受けた企業側の従業員に対する配慮や、人手不足感が強まるなかで人材確保の必要性を企業側が強く意識したことが挙げられる。

金融機関においても、ベア・賃上げの動きが広がっている。2023年、メガバンク3行はそろってベアを実施し、三井住友銀行とみずほ銀行は合併後で最大となる2.5%のベアを実施した。特に新卒初任給は大幅に引き上げられており、三井住友銀行は2023年に16年ぶりに新卒初任給を引き上げ、大卒初任給を前年比5万円（24%）高い25万5,000円とした。他方、保険会社でも営業職員を中心にベア・賃上げが進んでおり、日本生命保険は2023年から約5万人の営業職員に対して平均7%の賃上げを実施する方針。

賃金と物価の好循環による国内経済の持続的な成長に向けて、**日本銀行**が目標とする2%の物価上昇の定着や、労働生産性の向上、及びそれらに見合ったベア・賃上げが今後も安定的に継続することが求められている。

リスキリング

「新しい職業や今後必要なスキルの変化や進化に適応するために、必要なスキルを獲得すること」（経済産業省）。特にIT技術職などの先進的職業に必要なスキル習得を指す。

2022年の第210臨時国会（岸田文雄内閣）のリスキリング1兆円投資計画に加え、2023年には「新しい資本主義のグランドデザイン及び実行計画2023改訂版」が追加で閣議決定され、成長分野への労働移動を円滑にしていく方針の強化を示している。

金融業でもICT人材の育成と新規事業への労働移動が急務となっているが、注意を要するのは、金融業務そのものが、既に「高度化専門人材」によって運営されているため、他業界からの単純な代替が効かないこと、さらに少子高齢化は既にピークのため、既存の人材を革新型人材にするしかない。

そのため、金融業のリスキリングは、「既存行職員の再戦力化」及び「新事業への挑戦」を意味する。具体的には、ICTテクノロジーとデジタル化の活用によるAI人材の育成などが目的となる。行職員が、AI技術やICT技術といった新技術等を再学習することで、新事業・新産業で活躍可能な場を獲得する。

閣議決定を受けて、文部科学省では社会人の大学等での学びを応援するサイト「マナパス」、「成長分野における即戦力人材輩出に向けたリカレント教育推進事業」等を開始した。

厚生労働省でも、「教育訓練休暇等付与コース、人への投資促進コース、事業展開等リスキリング支援コース」など7つの追加コースがあり、実施内容により経費の75％が助成されるものもある。

リバースメンタリング

先輩（メンター）と後輩（メンティ）の立場を逆転させ、後輩がメンターとなり先輩に助言提供を行う教育支援の仕組み。主にデジタル分野の教育で活用が進む。

一般的なメンター制度は、実務経験を豊富に持つ先輩がメンターとなり、若手社員の指導役となる。他部署の先輩がメンターとなり、業務だけではなくキャリアの相談相手となることも多い。

リバースメンタリングでは、その立場を逆転させている。経験と知識を豊富に持つ指導役が必ずしも「先輩」「ベテラン」とは限らないためだ。代表的な例がデジタル分野である。若手層の方が知識・経験を持っていることの多いデジタル分野において、ベテラン層が後輩をメンター（師匠）として、リテラシーの向上や知識の獲得につなげている。また、この制度を生かすと、多様性を組織力につなげようとするDE&I経営（ダイバーシティ・エクイティ&インクルージョン経営）にも効果をもたらす。立場の違いを超えて相互に成長を促す取り組みを通じて、オープンでフラットな組織風土を醸成し、双方向性の高い対話を重視したコミュニケーションを活性化させる効果を持つ。異なる価値観を相互に尊重し合う組織作りに寄与するのだ。

また、リバースメンタリングは、ベテラン層の視野が広がることで組織全体のマネジメント力が向上したり、若手のエンゲージメント向上・離職防止効果を持つ。一方向性の指導・教育ではなく、誰もが周囲から影響を受け、フィードバックをもらいながら成長し続ける、といった人材育成に効果をもたらしている。

リファラル採用

リファラル（referral）には「紹介」「推薦」という意味があり、既存の社員が知人・友人を会社に紹介することで、採用活動を行う方法である。主に中途採用において用いられる。

リファラル採用は人材獲得の新しいチャネルとして昨今注目されている。既存チャネルである求人サイト、人材紹介会社、ダイレクトリクルーティング等と比較して、採用プロセスの簡略化、採用コストの削減、人材マッチングの精度向上、人材の定着率向上等が期待できる。

そのほか、リファラル採用のメリットとして、転職市場に存在しない人材にリーチできること、既存社員のエンゲージメント向上につながること等も挙げられる。

上記のようなメリットがある一方で、リファラル採用には、人材の同質化が進む可能性があること、紹介社員と応募者との人間関係に配慮が必要になる等の注意点も存在する。

これらを踏まえつつ効果を出すためには、採用したい人材像を明確にした上で既存社員へのリクルーター教育を実施すること、人材像を検討する際には組織の多様性獲得も意識すること、応募者に対するていねいなコミュニケーション（採用を前提とした紹介ではないことを事前に伝える、不採用時に入念なケアを実施する等）を行うこと等が考えられる。

リファラル採用は、多くの大企業や中小企業、スタートアップで用いられている。金融機関においては、りそなホールディングス、みずほフィナンシャルグループ、三菱UFJ銀行、三井住友銀行等において実施されている。

Ⅵ 高齢化、少子化

日本の高齢者人口と、総人口に占める割合

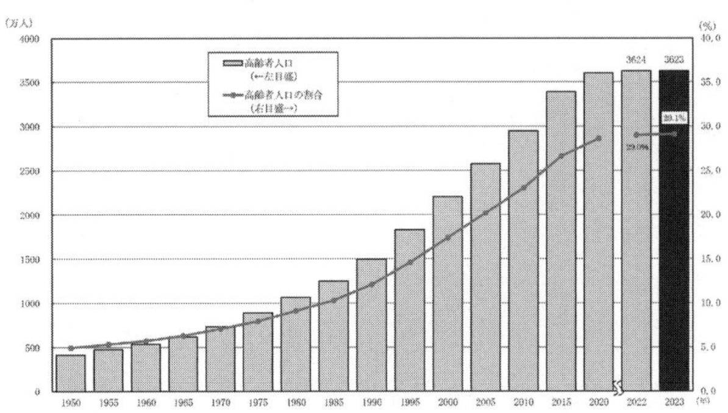

2023年の日本の65歳以上の高齢者人口は3,623万人。1950年以降、前年比で初めて減少に転じたが、その一方で、総人口に占める割合は29.1％と過去最高を記録している。高齢者人口の割合は「世界で最も高い」(総務省統計局)

図表出所：総務省統計局

空き家対策の推進

空き家対策の推進は、増加する空き家の抑制、流通促進、活用、解体などの方法で空き家を減らしていくことである。活用のための費用について金融機関による支援が必要となる。

空き家の発生は、相続による取得の際に起こることが多い。家を相続したが、活用することなく放置し、流通に堪えない状態となってしまい、活用が難しくなっていくような事例が多くみられる。劣化した空き家の持ち主は活用の見込みがないと思い込んで、流通市場に出すことも少なくなる。解体するにも想定以上の費用がかかる。このような流れによって、空き家の増加が引き起こされている。

最近はこの流れを断ち切る取り組みが様々行われている。例えば、相続の際に空き家にしないように「死因贈与」の制度を用いて途切れない活用を担保したり、法的瑕疵がある物件について活用や流通を行うサービスなどが出てきている。様々な事業者の取り組みによって、活用に向けての動きは進みつつある。

空き家活用の壁となっているのは資金面である。空き家を購入するために金融機関でローンを組む際に、担保価値がないことからローンの審査が通りにくいなどの声が聞かれる。そのため、無担保でローンを組めるようなサービスも出てきており、これによって資金面のハードルは下がりつつある。その一方で、空き家が現実的に一定の価格で取引されているという実態もある。だとするならば、空き家への担保評価はしっかりと行うことができるのではないか。そしてそれが空き家を活用するために必要な支援ではないかと考えられる。

家族信託

受託者が信託業を営む者ではなく、営利を目的としない信託契約。柔軟なオーダーメイドのスキームを作れるため、相続や事業承継対策の有力なツールとして注目を集めている。

受託者が信託業を営む者ではない、営利を目的としない信託契約のこと。

こうした信託契約は通常、家族や親族などが受託者となるため､「家族信託」と呼ばれる。営利を目的とする「商事信託」との対比で、「民事信託」と称されることもある。

遺言書や**成年後見制度**では不可能な､資産の柔軟な管理･運用・処分を伴うオーダーメイドのスキームを作れるので、相続や**事業承継**のツールとして注目を集めている。

例えば、認知症で判断能力が低下することを不安視する資産保有者(委託者)が、正常な判断ができるうちに、最も信頼できる者を受託者として信託契約を結び、あらかじめ定めた目的に従って、特定の人(受益者)のために、指定した時期に、特定の資産を、管理・運用・処分するよう定めておけば､仮に将来､実際に認知症が発症しても、相続、事業承継などに関する自分の意思を貫徹することができる。

また、自分の死後も障害のある子どもなどに支援を届け続けることや、子どもへ、孫らへと先々の承継順位を決めることもできる。

家族信託への関心の高まりを受け､「家族信託サポートサービス」などの名称で、信託設計のコンサルティングや司法書士、弁護士、専門業者等の紹介を行う金融機関や保険会社が増えている。また、信託財産専用の預金口座（信託口口座）の開設を可能とする金融機関も増えてきている。

金融ジェロントロジー

老年学や脳・神経科学、認知科学などの分野の研究蓄積を高齢期における資産の選択、運用、管理に応用する学問分野。この知見を金融サービスに取り入れることが期待される。

認知症等が原因となり、高齢者の家計金融資産が適切かつ効率的に運用・活用されない場合、高齢者本人や親族のみならず経済全体にも影響を及ぼし得る。**金融庁**の金融審議会等では、高齢者対応を進化させるため、金融ジェロントロジーの知見を金融サービスに取り込む必要性が指摘されてきた。

金融ジェロントロジーでは、高齢者の認知機能は低下しやすい一方、高齢者自身は認知機能の低下に気付きにくく、金融取引等で自信過剰になりやすいことが知られている。また、高齢期になれば正常加齢であっても資産管理能力は低下する傾向がある一方、高齢期の資産管理能力は認知機能の状態、金融リテラシー、心理状態等の要因が影響し、個人間のばらつきが大きいと考えられている。

さらに、長寿化が進むなか、寿命よりも先に金融資産が枯渇する「長生きリスク」への対応の必要性が高まっている。認知機能の低下を考慮しつつ、いかに長生きリスクを回避するかも金融ジェロントロジーの重要な論点である。

金融ジェロントロジーの知見の金融業界への普及を目的に、2019年には日本金融ジェロントロジー協会が設立され、研修や資格認定制度の運営等が行われている。また、内閣府の「戦略的イノベーション創造プログラム」では、高齢顧客の金融取引における課題解決に向けた研究プロジェクトも実施されている。

共同親権

父母双方が未成年の子の親権者となり、共同して親権を行使すること。父母双方が子に関する事項について関与し、父母の共同の意思で決定されることを意味する。

未成年の子に対して親権を行使する者（父または母）を親権者という。一般に、親権は、身上監護（子の監護及び教育をする権利義務）と財産管理（子の財産を管理し、子の財産上の法律行為について子を代理する等の権利義務）からなると理解されている。したがって、親権者は、未成年の子の監護教育や財産管理その他（例えば、重大な医療に関する事項や宗教に関する事項）の事項を決定する。

現行法は、父母の婚姻中はその双方が共同して親権を行うことを原則とする。他方で、父母の離婚後は、父母の一方を親権者と定めなければならないとして、父母が共に親権者となることを認めていないため、親権者である父母の一方が単独で親権を行使することになる。なお、父母は、未成年の子の親権者であるかどうかにかかわらず、子を扶養する義務を負う。

未成年の子の養育は、その父母が離婚した後でも、子の利益を最優先して行われるべきである。父母の離婚後も、父母双方が子の養育に関与することが子の利益の観点から望ましい場合には、父母の離婚後にその双方が親権者となることができる制度を導入することが検討されている。ただし、この場合には、父母による親権の共同行使（父母の共同の意思決定）を原則としつつも、父または母が単独で（相手方の同意を得ずに）親権を行使することが可能な事項を明確化する必要がある。

相続法改正

相続法は2018年7月に約40年ぶりの大改正が行われ、預貯金の仮払い制度や配偶者居住権が創設された。2021年4月には、所有者不明土地問題に対応するための改正が行われた。

高齢化社会の進展に伴う老々相続の増加や、高齢配偶者保護の必要性の高まりを受け、相続に関する民法等の規定（相続法）について、2018年7月に大改正が行われ、すでに全面施行されている。

預金業務では、葬儀費用など遺産分割前の相続人の資金需要に対応するため、仮払い制度が導入された。各相続人が、法定相続分に相当する預貯金の一定額まで金融機関の窓口で直接払い戻しを請求する方法と、裁判所の判断を経て請求する方法がある。

全文自筆が必要な自筆証書遺言の作成方法が緩和され、別紙で添付する財産目録の自筆が不要となった（ただし、署名押印は必要）。自筆証書遺言を法務局で保管することも可能になり、自宅で保管する場合の紛失や改ざんのリスクを回避できる。

遺産分割については、遺産の一部のみの分割の明文化により、預貯金債権などの迅速な権利処理が可能になった。一方で、改正前は遺産分割対象外であった、分割前に処分された財産も相続人全員の同意を条件に遺産分割対象とすることができるようになり、遺産の範囲を巡る分割手続きの長期化も懸念される。

「配偶者居住権」が導入され、相続開始時に被相続人の持ち家に住んでいる配偶者が、原則亡くなるまでの間、持ち家に住み続けることができるようになった。所有権より評価額が低いため、住む場所を確保しつつ他の財産（預貯金等）

も相続しやすくなる。不動産を担保に融資する場合に、配偶者居住権を踏まえて審査することや、先に登記を備えた配偶者居住権に担保権が劣後する点に留意すべきだ。

さらに相続法は、**所有者不明土地問題**への対応のため2021年4月に関連法とともに改正された。原則として2023年4月1日から施行されている。

遺産分割では、**生前贈与**が行われたこと等(特別受益)や療養看護等の特別の寄与をしたこと(寄与分)を踏まえた具体的な相続分を算定するのが一般的だが、特別受益、寄与分について10年間の期間制限が設けられた。特別受益、寄与分を考慮した遺産分割に期限が設けられることで、遺産分割がされずに長期間放置されるケースの解消が促進されることが期待される。

次に、相続等により取得した土地を、法務大臣の承認を得て、国庫に帰属させる制度が創設された(2023年4月27日施行)。ただし、国庫に帰属させる場合、申請者は10年間分の土地管理費相当額の負担が必要である。また、担保権等が設定されている土地は対象外であるため、金融機関が担保を設定している土地が国庫に帰属させられることはない。

さらに、不動産登記に関して、改正前は任意とされている相続登記が義務化された(2024年4月1日施行予定)。相続による不動産の取得を知った日から3年以内に、正当な理由なく、相続による所有権の移転の登記を申請しなければ、10万円以下の過料が課される。相続登記の義務化は施行前に相続が開始した場合も対象となるため注意が必要だ。ただし、3年以内に遺産分割が完了せず所有権の移転登記ができない等の場合もあるため、相続登記の方法として、相続人が自らが相続人である旨を申し出る「相続人申告登記」という簡易な方法でも義務を履行したと認められる。

相続時精算課税制度

贈与税の課税制度の1つ。納税者の選択により暦年課税制度に代えて適用できる。20%の一律税率。この制度を選び贈与された財産は相続時において相続税の課税財産に加算される。

2003年度税制改正で創設され、2023年度税制改正において利便性向上の見直しが行われた。その趣旨は、高齢者の保有資産を次世代へ早期移転し、その有効活用を通じて社会経済の活性化などを促すことにある。

相続時精算課税制度は、贈与をした年の1月1日において60歳以上の直系尊属から、贈与を受けた年の1月1日において18歳以上の直系卑属である推定相続人または孫への贈与について適用できるものである。受贈者ごと、贈与者ごとに選択適用でき、届け出をもって行う。提出された届け出は撤回できない。

原則的課税制度である暦年課税制度では、基礎控除額(毎年110万円)を超える部分について超過累進税率(10～55%)が採用されている。

これに対し、相続時精算課税制度では、基礎控除額(毎年110万円)と特別控除額(累積2,500万円)を超える部分について一律20%の税率により贈与税が課される。贈与財産の価額が基礎控除額以下である場合、申告不要である。

贈与財産は、原則としてその贈与者の相続時において贈与時の価額(基礎控除額を控除した残額)で相続税の課税財産に加算される。当該贈与に係る贈与税額は、相続税額から控除される。

下線部分は、2024年1月1日以後の贈与財産に係る相続税または贈与税について適用される。今後、活用事例の増加が想定される。

生前贈与

贈与は、ある財産を無償で相手方に与える意思表示と、相手方の受諾により成立する契約。贈与者の死亡に基因する死因贈与に対し、生前に行われる贈与を一般に生前贈与という。

贈与（生前贈与）は、民法において「当事者の一方（贈与者）がある財産を無償で相手方（受贈者）に与える意思を表示し、相手方が受諾する事によって、その効力を生ずる」とされている。無償契約・片務契約の典型である。

また、贈与者個人からの贈与を受けた受贈者個人には、贈与税が課される。

贈与税の原則的課税方式である暦年課税では、超過累進税率（10～55％）が採用されている（特例制度として「**相続時精算課税制度**」がある）。

2019年の政府税制調査会においては、「高齢世代における資産蓄積が顕著となっており、例えば金融資産保有残高は60歳代以上に遍在する状況となっている。高齢化が進んだ結果、『老老相続』が増加しており、相続によっては消費意欲の高い若年世代への資産移転が進みにくい状況になっている」と説明されている。

その後、「令和3年度税制改正大綱」において本問題を重要課題であるとしつつ、その一方で、現在の税率構造では、富裕層による財産の分割贈与を通じた負担回避を防止することには限界があるとの指摘がなされた。

このため、2022年度の改正は見送られたが、2023年度の税制改正では、「資産移転の時期の選択により中立的な税制」を構築することを目的として、暦年課税に係る贈与財産を相続財産に加算する期間が相続開始前3年間から7年間に延長された。

成年後見制度・しんきん成年後見サポート

認知症、知的障害、精神障害などの理由で判断能力が不十分な人（預貯金等の財産管理や介護サービスに関する契約締結などを自分で行うのが困難な人）を保護・支援する制度。

◆成年後見制度

成年後見制度には、法定後見制度と任意後見制度がある。法定後見制度は、判断能力の程度などにより、後見・保佐・補助に分かれるが、その80％超は"後見"の利用者である。家庭裁判所で選任された成年後見人などは、本人（成年被後見人等）の利益のために、代理権・同意権（成年後見にはなし）・取消権により、保護・支援を行う。

任意後見制度は、本人（委任者）の判断能力が十分なうちに、任意後見受任者（任意後見監督人の選任後は任意後見人）との間で、公正証書による任意後見契約を結ぶ。

任意後見人は代理権のみを持ち、本人の判断能力が不十分となった後、契約で定めた事務を通じて保護・支援を行う。後見人などの職務は、本人の財産管理や法律行為に関するものに限られており、実際の介護などは行わない。

また、本人の生活環境の変化や重要な財産の処分などについては、家庭裁判所の許可・報告などが必要になる。成年後見制度は、新たな不動産投資ができなくなるなど、財産管理が硬直的になることから、そのほかの財産管理の手法として、民事信託なども利用されている。

成年後見制度の利用促進を図るため、2016年「成年後見制度の利用の促進に関する法律」が成立した。これに基づき、2017年「成年後見制度利用促進基本計画」が閣議決定された。また、2022年4月からは第二期成年後見制度利用促進基本計画がスタートしている。

◆しんきん成年後見サポート

超高齢社会が到来するなかで、地域を守り、地域の方々を幸せにするという公共的な使命を持った地域金融機関である信用金庫として高齢者福祉、高齢者の財産管理の面で積極的に貢献すべきという観点から、2015年1月21日に品川区内に営業店を持つ5つの信用金庫（さわやか信用金庫、芝信用金庫、目黒信用金庫、湘南信用金庫、城南信用金庫）が協力し、「品川区社会福祉協議会」の指導の下、さわやか信用金庫名誉顧問で品川区社会福祉協議会会長（当時）の石井傳一郎氏が中心となり、「我が国初の金融機関による成年後見事業法人」である「一般社団法人しんきん成年後見サポート」が設立された。

2017年「成年後見制度利用促進基本計画」には、同法人が内閣府の成年後見制度利用促進委員会において提案した「後見制度支援預金」が盛り込まれ、全国銀行協会や各民間金融団体にその取り扱いが要請された。

しんきん成年後見サポートには、信金OB・OGが業務に従事しており、高齢者活躍促進にも寄与している。設立後8年間で40件以上の法定後見業務を受託し、130件以上の任意後見契約を締結。公正証書遺言の執行や死後事務委任なども幅広く行っている。

2016年からは**家族信託**契約書作成支援の取り扱いを開始し、540件以上に達する等、金融界における普及啓蒙に努めている。その後「しんきん成年後見サポート沼津」（沼津信用金庫）及び「しんきん成年後見サポート花巻」（花巻信用金庫）が設立され、また西武信用金庫、三井住友信託銀行、常陽銀行なども追随して高齢者福祉のための成年後見事業法人を設立した。

嫡出推定

婚姻関係を基礎として夫婦の間に生まれた子を夫の子と推定する仕組み。現行法は、婚姻関係にある夫婦の間に生まれた子の父子関係の成立に関し、嫡出推定制度を採用している。

嫡出推定制度は、婚姻関係を基礎として、父子関係を推定することで、生まれた子について逐一父との遺伝的つながりの有無を確認することなく、早期に父子関係を確定し、子の地位の安定を図るものであることに意義を有する。DNA型鑑定の技術が発展した現代においても、子の利益に照らしたその重要性は、何ら変わるものではないとされている。

婚姻関係を基礎として夫婦の間に生まれた子を夫の子と推定する根拠として、事実として子は夫の子である蓋然性があること、夫婦の協力・扶助義務に照らせば、夫婦による子の養育が期待できることなどが挙げられる。

嫡出推定の規定(民法772条)により父が定まる子は、夫婦の嫡出子として出生の届出をすることができる。

嫡出推定の規定により父が定まる子については、嫡出否認の訴えによってのみ、子が嫡出であることを否認すること（嫡出推定を覆し、父子関係を否認すること）ができる(ただし、提訴権者・出訴期間について制限がある)。

なお、婚姻関係にある夫婦の間で、生殖補助医療の提供を受ける者以外の者の卵子または精子を用いた生殖補助医療により出生した子の親子関係に関しては、民法の特例法(「生殖補助医療の提供等及びこれにより出生した子の親子関係に関する民法の特例に関する法律(令和2年法律第76号)」）による。

認知症対応

2025年には65歳以上の5人に1人が認知症になるとの推計もあり、対応が求められる。認知症への理解の促進や、認知機能の低下に対応する金融商品・サービス提供が重要になる。

75歳を過ぎると認知症有病率が急上昇するとされているため、有病者の増加が見込まれる。認知機能の低下はみられるが日常生活への支障は大きくない軽度認知障害(MCI)にも注意すべきだ。認知機能の低下により、例えば、金融詐欺被害にあいやすくなる、ATMが利用できなくなる、さらに認知症になると預貯金や不動産等の処分が困難になる等の問題が生じ得る。

こうしたなか、金融業界では顧客が認知症になった場合における親族等による代理取引の考え方を全国銀行協会が2021年2月に公表するなど、環境整備が行われている。

2023年6月に成立した「共生社会の実現を推進するための認知症基本法」では、金融機関は認知症の人への合理的な配慮をするよう努力する責務が明記されており、対応が期待される。各金融機関の対応としては組織的な認知症への理解が重要であり、認知症サポーター養成講座を含む高齢者対応研修や資格試験の実施等が進められている。高齢者対応専門の営業員を設置する例もみられる。地域包括支援センター等の地域の専門機関との連携も重要だろう。

認知機能の低下リスクに対応する金融商品・サービスとして、**家族信託**などの利用が挙げられるほか、後見制度支援信託や後見制度支援預金の普及も必要だ。テクノロジーを活用した異常検知や認知機能の把握をサポートするシステムの普及も期待される。

Ⅷ 金融行政・政策

ゼロゼロ融資後の事業者支援の推進や資産運用立国の実現など金融行政にかかる期待は大きい。写真は、金融庁の栗田照久長官

イールドカーブ・コントロール(YCC)

日本銀行の長短金利操作付き量的・質的金融緩和のうち、短期金利をマイナス化させ、長期金利（10年物国債金利）水準を弾力的にコントロールしていくための金融政策。

日本銀行は2016年9月に長短金利操作付き量的・質的金融緩和を導入した。その中核をなすイールドカーブ（利回り曲線）・コントロールは、長期金利も日銀が制御する。YCC導入以前、日銀は再三、長期金利は制御できないとしていたが、国債市場における日銀の圧倒的な市場シェア、市場とのコミュニケーションの工夫が制御を可能とした。

YCCは、直接的にイールドカーブを押し下げる指し値オペも具備している。金利上昇局面では、利回りを日銀が指定して国債を無制限に買い入れるオペを行う。プライシングのシグナルを日銀が直接的に市場に伝えることで、市場をクールダウンさせられる。

2021年3月の金融政策決定会合では、長期金利の水準を0％程度に据え置きながら、変動幅を±0.25％程度に広げた。

また、連続指し値オペ制度の導入により、金利上昇時に、特定年限の国債を固定金利で無制限で買い入れる指し値オペを連続して行えるようになった。

2023年7月には、経済の不確実性の高まりを理由にYCCの運用を柔軟化した。前年12月に拡大された変動幅の±0.5％程度を「目処」とした。0.5％で実施してきた連続指し値オペの利回りを1％で実施することで事実上、長期金利「上限」を1％に引き上げた。2023年10月には、1％を上限から目処に変更し、1％を一定程度超えることを容認した。

気候変動対応オペ

日本銀行が、気候変動対応を支援するために、2021年末から実施している資金供給制度。民間金融機関の気候変動対応投融資を長期にバックファイナンスするものとなっている。

日銀は、2021年に民間における気候変動対応を支援することが長い目でみたマクロ経済の安定に資すると考え、金融機関が取り組む気候変動対応投融資をバックファイナンスする資金供給の仕組みを導入した。オペは原則年2回実施される。

貸付利率は0%。また、貸出促進付利制度上のカテゴリーⅢ（0%付利）及び補完当座預金制度上の「マクロ加算2倍措置」が適用される（いずれもマイナス金利の影響を受けにくくする措置）。

貸付期間は、原則1年であるが、くり返し利用することにより、長期の資金調達を可能としている（2030年度まで最長で10年近く）。

貸付対象先は、気候変動対応に資するための取り組みについて、**TCFD（気候関連財務情報開示タスクフォース）**が提言する4項目（ガバナンス、戦略、リスク管理、指標と目標）及び投融資の目標・実績を開示する金融機関としている。また、対象となる気候変動対応に資する投融資は、**グリーンボンド・ローン**等になるが、どういったものがあたるかは貸付対象先の判断に任せるとともに、判断基準を開示することを求めている。

直近では2023年7月に実施され、貸付予定総額は3兆4,000億円、2023年7月21日時点の貸付残高見込みは6兆2,000億円に上った。なお、貸付対象先から報告された気候変動対応投融資の残高は9兆6,000億円余りとなっている。

金融機能強化法

資本増強が必要な金融機関に公的資金を注入し、金融仲介機能を維持するための法律。経営危機に陥る前でも国が予防的に資本参加できる特徴がある。

金融機能強化法はペイオフの全面解禁(2005年4月)を翌年に控えた2004年8月に施行された。銀行救済のための公的資金注入を定めた他の法律と異なり、債務超過に陥っていなくても公的資金を注入できる。

期限が来れば失効する時限立法だが、延長がくり返されている。**金融庁**は2008年のリーマン・ショックを受けて同法を復活させ、2011年の東日本大震災、2016年の英国による欧州連合離脱決定を機に延長された。2020年の新型コロナウイルス感染拡大を受けて4年延長が決まり、申請期限は2026年3月末になった。

新型コロナウイルス感染症対策の延長(コロナ特例)は、金融システムの安定に万全を期すことが狙い。申請する金融機関には①経営陣の責任を問わない ②収益性などの数値目標を課さない ③優先株に加えて普通株や劣後債による注入を可能とし、配当率も引き下げた。「おおむね15年以内」としていた返済期限も撤廃した。

公的資金注入行は2024年以降に順次、優先株を普通株に強制転換する期限を迎える。地域銀行では、2023年9月にプロクレアホールディングスや高知銀行が前倒しで返済。一方、2024年9月末に200億円を返済するじもとホールディングスは、事業先の抜本的な再生支援に万全を期すため、コロナ特例の適用を申請。2023年9月に適用が決まり、第1号案件となった。

金融経済教育推進機構

国民の金融リテラシー向上を目的に、金融経済教育を国全体で展開していくため、政府、日本銀行、民間団体等の取り組みを統合する形で2024年に設置が予定されている認可法人。

日本人が投資に慎重であることの背景に金融リテラシーの不足が挙げられていたなか、資産所得倍増プランを掲げる政府は、金融経済教育を国全体で展開していくために、2024年に金融経済教育推進機構を発足させる。

金融経済教育推進機構は、**金融庁**が所管する認可法人として設立される予定。金融庁のこれまでの関連事業とともに**日本銀行**が事務局を担ってきた金融広報中央委員会の機能を移管するほか、全国銀行協会、日本証券業協会、投資信託協会といった民間団体が行っている関連事業についても移管することが想定されている。運営規模としては、役職員数約70名、年間予算規模約20億円(9割以上が民間からの拠出金)がイメージされている。

金融経済教育推進機構における取り組みとして、以下の点が挙げられている。

①特定の金融事業者・金融商品に偏らないアドバイスを行う「認定アドバイザー」の認定と支援
②官民の各団体が蓄積してきたノウハウの結集による、セミナーや学校の授業への講師派遣事業の拡大
③認定アドバイザーの養成プログラムを提供することによる金融経済教育の質の向上
④官民の各団体が有するノウハウを結集した金融教育教材・コンテンツの開発
⑤認定アドバイザーによる個人の悩みに寄り添った個別相談の実施
⑥教育活動の目標やKPIを設定し、PDCAサイクルを回す戦略的な教育の展開

経営デザインシート

内閣府知的財産戦略本部の価値評価タスクフォースが策定した、知的財産を企業価値創造メカニズムに組み込んで経営をデザインするためのツール。経営幹部が自ら記入する。

◆狙い

内閣府の知的財産戦略推進事務局の「知財のビジネス価値評価検討タスクフォース」が、2018年5月に発表した企業のビジネスモデル変革のためのツールである。

以前は良質な商品を作るだけで業績を上げられたが、市場が多様化し変化が激しくなった現在では、顧客ニーズを的確に捉えねばならず、そのためには無形資産・知的財産の重要性が高まる。しかし、いくら貴重な知的財産を保有していても、それが企業のビジネスモデルと結び付いていなければ意味がない。そこで知的財産とリンクしたビジネスモデルを構築するためのシートを政府が提供し、企業に活用してもらおうとする試みである。

◆形態・特徴

シートは、A3版1枚で、上下左右に分かれる。

上に現状の企業理念、事業コンセプトなどを書き、下に目標とするビジネスモデルに移行するための戦略や必要な資源を書き込む。左側に現在の事業概要、価値創造メカニズム（顧客への提供価値、ビジネスモデル、利用する経営資源）などを書き、右側に5～15年後の価値創造メカニズムと中心的なビジネスモデルを書き込む。

シートは、企業全体版と各事業版に分かれ、複数事業を展開する企業にも単独事業を営む企業にも対応できる。

なお、本シート上の知的財産は、特許や商標に限らず広い範囲を想定する。

経済安全保障法制

日本の経済安全保障を包括的に強化するために2022年5月に経済安全保障推進法が成立。地政学リスクが高まるなか、サプライチェーンの強化、官民重要技術の支援が進んでいる。

中国やロシアなどを念頭に日本の経済安全保障を包括的に強化しようと、経済安全保障推進法が2022年5月に成立した。同法では、①半導体や医薬品など重要物資の「サプライチェーンの強化」②AIやバイオなど先端技術開発における「官民重要技術の支援」③電力や鉄道など「基幹インフラの安全性確保」④軍事転用のおそれがある技術を守る「特許出願の非公開」の4つが柱となる。

政府は同年9月の閣議で、基本方針と、2つの基本指針を決定した。基本方針では、国家と国民の安全を経済面からも確保するため、経済安全保障の推進を「喫緊の課題」と位置付けた。

基本指針では、「サプライチェーンの強化」で支援の対象となる半導体や医薬品、蓄電池など「特定重要物資」は、①国民の生存に必要不可欠 ②供給元が特定国に偏り、国外に過度に依存 ③輸出停止などで供給が途絶する蓋然性がある ④供給途絶の実績があるなどの4要件を全て満たす必要があるとした。

「官民重要技術の支援」において、政府が「経済安全保障基金」を通じて財政支援を行う「特定重要技術」では、2022年9月に「第1次研究開発ビジョン」として海洋、宇宙・航空などで27の技術を指定している。

経済安全保障の重要性が増すなか、自由で公平な企業活動と経済安全保障のバランスをいかにとるかが課題となる。

金融庁・日銀、検査・考査一体化

自民党が金融庁検査と日本銀行考査の縦割り打破と一体的運用について提言したことを契機に、金融庁と日銀では検査・考査の連携強化やデータの一元化が進められている。

2020年10月、自民党による「**金融庁**と**日本銀行**の縦割り打破（金融庁検査と日本銀行考査の一体的運用について）」を公表した。金融庁の検査が、法令遵守のほか、金融システムの安定、金融仲介機能の発揮、利用者利便・保護等を目的にしている一方、日銀の考査は、金融・決済システムの安定のために、「最後の貸し手」である日銀が金融機関の経営状況を知る必要があることを背景にしている。しかし、検査・考査を受ける金融機関の側では、同様なものが重複して実施されることへの不満があった。

金融庁と日銀は、以前から金融庁長官と日銀副総裁を含む「金融庁・日本銀行連絡会」を開催していたが、自民党の提言を受け、課長級が出席する「検査・考査連携会議」や局長理事級が出席する「金融モニタリング協議会」を設置し、定期的な情報共有・意見交換を行うようになった。

また、2021年3月に「金融庁・日本銀行の更なる連携強化に向けた取り組み」、2022年6月に「金融庁・日本銀行の更なる連携強化に向けた取り組みの進捗」を公表している。データの一元化に関しては、より質の高いモニタリングの実施と金融機関の負担軽減を図る観点から、金融機関が金融庁と日銀に同時にデータを提出できる「共同データプラットフォーム」の構築に向け、2022年度において高粒度のデータを収集する実証実験を行っている。

経済価値ベースのソルベンシー規制

通常の予測を超えるリスクに対する保険会社の「支払い余力」（ソルベンシー・マージン）に関する規制に経済価値ベースの評価（時価評価）を取り入れたもの。

現行のソルベンシー・マージン比率（1996年導入）は、割引率、保険事故発生率等を契約時点において固定した負債評価に基づく会計上のバランスシートを前提としている。このため、金利や事故発生率等の変動に伴うリスクに十分に対応できていない。

我が国の保険会社の内部管理においては、これまで経済価値ベースの考え方を取り入れる動きが進んできた。また、**金融庁**でも、2010年以降、経済価値ベースの評価・監督手法に関するフィールドテストが数回にわたって実施されてきた。

国際的には、2019年11月、保険監督者国際機構（IAIS）で採択された国際資本基準（ICS Ver2.0）が、5年間のモニタリングによる検証を経て最終化され、国際的に活動する保険グループに対する規制資本として適用されることとなっている。

このため、2025年度の国内での同規制導入に向けて準備が進められている。

経済価値ベースのソルベンシー規制の経緯と今後の予定	
1996年4月	保険業法改正時にソルベンシー・マージン比率を導入
2007年4月	「ソルベンシー・マージン比率の算出基準等に関する検討チーム」が経済価値ベースのソルベンシー評価への移行を提言
2010年6月	経済価値ベースのフィールドテスト（第1回）を実施
2019年11月	IAIS総会でICS Ver2.0が採択
2022年6月	制度の基本的な内容の暫定決定を公表
2024年春頃	基準案公表
2024年秋頃	ICS最終化
2025年度	交付・施行（2026年3月期決算より新規制に移行）

「国際金融都市・東京」構想2.0

2021年11月に発表された東京国際金融都市構想。2017年から進められ、東京をロンドンやニューヨークに匹敵する国際金融都市へ発展させることを目指している。

東京国際金融都市構想は、もともと小池百合子・東京都知事が、2016年に就任して以降、掲げてきた政策である。この枠組みが2017年に「国際金融都市・東京構想」として発表され、その改訂版が2021年に発表された「国際金融都市・東京」構想2.0である。ロンドンやニューヨークと並ぶ国際金融都市を目指すこの構想は、そもそも社会インフラやビジネス、教育制度を刷新する点で、これまでの国際金融都市構想とは一線を画している。

この構想の1つの特徴が、都市基盤の強化である。東京都の「国際金融都市・東京」構想2.0は、単に市場整備にとどまらないハード・ソフト面でのインフラ整備を網羅している。ビジネス・生活環境の整備では、外資系企業の誘致を目指し、都心住宅地の容積率緩和、外国人向け住宅の建設やインターナショナルスクールの併設を後押ししている。金融専門教育では、東京都立大学経営学プログラムの金融専門家向け大学院教育が、強化されている。

2017年の構想発表後、2021年に改訂版が発表された背景には、国際金融都市構想を取り巻く環境が変わり始めていることがある。金融ビジネスのデジタル化や**サステナブルファイナンス**の市場拡大など国際金融構想も新時代への適応を迫られてきた。この「国際金融都市・東京」構想2.0は、構想そのものも時代にあわせて変化を続けている。

資金交付制度

地域社会経済の活性化のため金融機関の経営安定化を支援する制度。金融機関同士の経営統合の費用や、その他経営改善のための経費の一部を政府が負担する制度である。

2021年7月に改正**金融機能強化法**が施行され、資金交付制度が導入されている。この制度は、地方銀行や信用金庫、信用組合等の地域金融機関が経営統合時のシステム統合等の経費の一部や、経営統合のみならず、必要な場合に経営支援を政府が負担する制度である。2021、2022年はそれぞれ350億円、2023年は348億円が予算計上されている。

改正金融機能強化法は、菅義偉前政権が地域金融機関の再編を後押しするため、法改正を国会で可決させた経緯がある。これまで、地域金融機関の再編により、地方都市での金融インフラの強化が地域社会から求められてきたが、システム統合などの大規模経費の負担が困難であることから見送られてきたケースが存在した。こうした障害を除去するため、政府が一部を負担することで、金融機関再編を目指すことがこの法改正の目的である。

金融庁は、2021年9月に福邦銀行に対する資金交付制度の適用を発表。その後も青森銀行・みちのく銀行、愛知銀行・中京銀行、八十二銀行・長野銀行の経営統合に対する支援を決定している。今後も地域金融機関の経営統合を前提とする同制度の適用申請が続くことが見込まれ、地域金融機関の再編を後押しすることが期待されている。

時限措置であるこの制度は、金融機関の経営統合を促す効果が少なくとも現在までは発揮されている。

早期警戒制度

金融庁が金融機関の健全性を確保するための手法の1つ。自己資本比率が最低基準を下回った銀行に発動される早期是正措置に対し、その手前で継続的な経営改善を促す枠組み。

金融庁が金融機関の健全性を確保する枠組みには「早期是正措置」と「早期警戒制度」がある。前者は自己資本比率の最低基準を対象にするのに対し、後者は同比率には表れにくい収益性や流動性などの観点から銀行経営の悪化を捉える特徴がある。早期警戒制度は2002年に導入され、警戒水域に入った場合には必要に応じて報告も求める。

典型例が「銀行勘定の金利リスク」に対する監督手法。銀行は金利が急変動した場合を想定し、預金・貸し出し業務や長期保有する有価証券の影響を試算し報告する。国際基準行は「Tier1資本の15％」に抑える必要があり、国内基準行は「コア資本の20%以内」が求められる。ただ、基準に抵触しても、すぐに**業務改善命令**を出す訳ではない。まずは原因や課題を金融機関と共有し、収益力や自己資本とのバランスも勘案した上で、改善方法を協議する。

これまでは特定分野に限ることが多い手法だったが、2019年6月に地域金融機関向け監督指針を改正し、早期の経営改善を促せる制度に見直した。着目するのは、地域銀行の将来収益。投資信託の解約損益を除いたコア業務純益が数年後に一定の水準を下回る場合、銀行の経営戦略に沿って収益や自己資本の水準を総合的に点検する。検証後も5年以内にコア業純が継続的な赤字に陥る見通しの銀行には検査に乗り出し、必要に応じて業務改善命令を出す。

中小企業等経営強化法

政府が中堅・中小企業や小規模事業者の生産性向上を支援する枠組みを定める法律。2016年7月に施行された。認定事業者は税制優遇や金融支援などの特例措置を受けられる。

人口減少や少子高齢化で人手不足が深刻化するなかで、中堅以下の企業の課題である生産性向上や新事業創出を支援する目的で制定された。

企業は業界別の指針に沿って「経営力向上計画」を作り、認められれば国の支援が受けられる仕組み。指針は経済産業省の基本方針にあわせて各業界を所管する省庁が作っており、優良事例を参考にした生産性向上策が盛り込まれている。

申請企業にとって自社での計画策定が難しい場合は、商工会議所や金融機関、税理士などに計画策定の支援を求めることも認められている。認定された企業は税制優遇、政策金融機関の低利融資や、公的な信用保証枠の拡大を受けられる。

2019年の通常国会で改正中小企業等経営強化法などをたばねた中小企業強靭化法が成立し、自然災害対策がメニューに加わった。災害に強い設備への投資や損害保険の加入などを盛り込んだ事業計画を国が認定する。

2020年の改正では経営革新計画などの認定を受けた企業に対し、日本政策金融公庫が現地法人に直接融資するクロスボーダーローンを行えるようにし、海外進出の支援策を充実させた。2021年の改正では、資本金基準を撤廃するなどして支援対象企業の拡大が図られたほか、経営力向上計画に基づきM&Aを実施した企業が減税など優遇措置を受けられるようになった。

統合特例法

統合特例法は、独占禁止法の適用除外を認め、シェアが高くなっても地域銀行の経営統合を可能にする法律である。これにより、同一県内の地域銀行の経営統合が進んでいる。

従来、独占禁止法では、市場シェアが高い企業同士の経営統合は、市場競争を阻害するために認められなかった。このために、ふくおかフィナンシャルグループと十八銀行の経営統合は、公正取引委員会の審査が長引き、当初計画から大幅に遅れた。

独占禁止法が地域銀行の再編の障害にならないように、10年間の時限措置として、統合特例法が2020年5月に制定され、11月に施行された。

特例法では、①地域銀行が持続的に基盤的な金融サービスを提供することが困難となるおそれがある場合 ②経営統合等によって基盤的なサービスの提供の維持が可能となる場合 ③利用者に不当な不利益（例えば、貸出金利や手数料の不当な上昇）が生じるおそれがない場合に独占禁止法の適用除外が認められる。

ただし、経営統合後には**金融庁**のモニタリングを受け、基盤的なサービスの提供が行われていなかったり、不当な不利益が利用者に生じている場合は、是正を求められる。

2022年4月に、青森銀行とみちのく銀行が経営統合した。再編後の県内の貸出金シェアが8割弱となるために、不当な不利益防止のための方策（貸出金利の事後モニタリングや一定の店舗網の維持）などを含んだ「基盤的サービス維持計画」について当局の審査を受け、統合特例法が初めて適用された。同様に、2023年6月には、八十二銀行が長野銀行を完全子会社化した。

マイナス金利政策

短期の政策金利をマイナス金利に設定することで、長期の資金取引が促され、景気を刺激する。現在では世界でも日本のみが採用しており、解除時期が市場で注目される。

日本銀行は、**イールドカーブ・コントロール**において、短期政策金利をマイナス0.1%とする金融緩和を行っている。具体的には、日銀当座預金（日銀と取引関係を持つ金融機関が日銀に預ける当座預金）のうち政策金利残高にマイナス0.1%の金利を適用する。つまり、日銀は政策金利残高に付与する金利水準を短期政策金利と位置付けている。

マイナス金利は金融機関が日銀に金利を支払うコストを生じさせ、金融機関は日銀に資金を置いておくと資金が減ってしまう。このため、本政策は、金融機関が貸し出しや投資を拡大させる、特にその結果として、（短期では金利がゼロまたはマイナスのため）長期の資金が動き、経済活動を刺激する効果が期待される。

本政策は、日本と欧州で2010年代半ばに導入され、各国とも超過準備（法定準備額を超える当座預金）の一部または全てにマイナス金利を適用した。2022年には**欧州中央銀行**やスイス中央銀行が終了し、日本のみが継続している。

日銀が植田和男総裁体制となり、市場では本政策の解除について議論が活発化している。解除条件を日銀幹部は「実体経済面で需要を抑制することで、物価の上昇を防ぐことが適当と判断できる」経済情勢と説明する。すなわち、マイナス金利によってインフレ率が持続的に2%を超える懸念がない限り解除はしない、というメッセージを市場に送っている。

Ⅷ 金融基礎法令・機関

金融庁
Financial Services
証券取引等監視委員会
SESC Securities
公認会計士・監査審査会
CPAAOB Certified Public

業務改善命令

金融庁が金融機関の健全性を確保するために出す行政処分。法令違反や財務内容の悪化が明らかになった時、検査などを通じて実態を把握した上で発出する。

業務改善命令を出す際は、問題が疑われる金融機関を検査し、リスク管理態勢や法令順守態勢、ガバナンスなどの観点から実態を把握するのが第1ステップ。

その上で、問題に関する原因分析結果などの報告を求め、態勢に重大な問題がみられる場合に出される。命令を受けた金融機関は、改善策を盛り込んだ計画を提出する必要がある。

ビジネスモデルの持続可能性に深刻な問題を抱える地域金融機関に対して、早期の改善を促すために発出される場合もある。**金融庁**には、「本業で赤字が積み重なり、自己資本比率が最低基準を下回るおそれが高くなってからでは遅い」という考えがある。

この枠組みは、2019年の**早期警戒制度**の見直しにあわせて明記された。基準とする経営指標の1つが、収益のかさ上げに使われがちだった投資信託の解約損益を除いたコア業務純益になる。

一定水準を下回る場合は経営実態の把握に乗り出し、ビジネスモデルや経済環境について踏み込んで対話する。店舗や人員配置見直しなど、効率化を促しても改善が見込めない場合は改善命令の発出を検討する。

業務改善命令が出るパターンとして多いのは、法令違反やシステムトラブルなどを発端とするもの。金融庁は、命令の公表を通じて他の金融機関に対しても自主点検を促している。

金融商品取引法

金融制度改革の進展により複雑化した金融市場における投資家保護を目的として、2007年9月に施行された法律。金融業態ごとに分散していた法体系を一元化する目的もある。

金融商品取引法は、それまでの証券取引法を改正することにより、新たに2007年に施行されている。それまでは、金融先物取引法、投資顧問業法、外国証券業者に関する法律といったように、新たな金融業態が出現するたびごとに法制度が定められていた。2000年代に入り、銀行がフィナンシャルグループを設立することで、銀行業務以外のビジネスを手がける動きが広範化したことが、金融商品取引法の施行へつながっている。

金融商品取引法には、業態ごとに分散していた法制度を一元化する目的のみならず、時代にあわせて、規制対象商品の拡大、規制対象業務の横断化、行為規制の整備・柔軟化などのほか、開示制度の充実、各種罰則規制の強化も盛り込まれている。ただし、預金を扱う商業銀行や保険会社のように、免許制のもとで監督制度が敷かれている業態については、金融商品取引法の直接規制対象ではなく、業態ごとの法制度を改正する制度が継続されている。

2001年に設立された英国金融サービス機構は、2013年に解体され、その後は、英国金融行為規制機構がその任務を引き継いでいる。この理由は、英国における5万件を超える種類の金融サービスの大半が、銀行免許を持たない金融サービス業者により提供されているためである。その意味では日本の金融行為規制体系における金融商品取引法の役割は今後大きくなるだろう。

金融庁

内閣府の外局であり、我が国の金融の機能の安定を確保し、預金者、保険契約者、有価証券の投資者などの保護を図るとともに、金融の円滑化を図ることを任務とする行政機関。

金融庁は2000年7月、金融監督庁を改組して設立された。金融庁の所管大臣は内閣総理大臣だが、特命担当大臣（金融担当大臣）が内閣総理大臣を補佐し、金融円滑化の総合調整機能を担うとともに、金融行政を指揮・監督する。

この金融庁では、①金融行政の戦略的な立案、庁内の各部局間の連絡調整等の金融庁全体にかかわる事項の総合調整機能を果たし、金融外交並びに**マネーロンダリング**対策、**サイバーセキュリティー**といった金融機関等に共通する課題への対応や、金融システム全体のリスク等についてモニタリングを担当する「総合政策局」②銀行法や**金融商品取引法**といった金融関連の法令や制度に関する企画・立案業務を担当するほか、コーポレートガバナンス改革や公認会計士·監査法人·金融商品取引所の監督業務、有価証券報告書等の開示書類の審査等に関する業務を担当する「企画市場局」③金融検査をはじめとした実態把握や対話などによるオン・オフ一体のモニタリングを継続的に実施し、必要に応じて**業務改善命令**や停止命令等を発動することなどにより、重大な問題の発生を予防することのほか、より良い実務の実現に向けた金融機関自らによる様々な取り組みを促すなどの監督行政を行う「監督局」、の3局体制を採用している。また、当該の3局以外には、**証券取引等監視委員会**や公認会計士・監査審査会が設置されている。

金融ISAC・CSIRT

金融ISAC（Information Sharing and Analysis Center）は、金融機関のサイバーセキュリティー連携組織。CSIRTは、各企業でサイバーセキュリティー対応を行う専門組織。

CSIRT（Computer Security Incident Response Team）は米国が発祥で、2001年頃から日本企業で設置が進み、2012年頃から金融機関でも設置されてきた。

2014年8月には、金融業界の**サイバーセキュリティー**情報連携のための組織として金融ISACが設立された。

金融ISACの正会員は、国内に事業拠点がある銀行、証券、生保、損保、クレジットカード事業者、決済事業者で、2023年8月時点で436社にまで着実に増加している。ほかにアフリエイト会員（セキュリティーベンダー）が30社参画している。米国の同様組織「FS-ISAC」（会員数約7,000社）と連携する。

金融ISACの活動は、ポータルサイトを通じた「攻撃元」「手口」「目的」「対策と結果」の情報共有、13種類のワーキンググループ活動、共同サイバー演習、レポート配信、ワークショップ、年1回の社員総会（アニュアルカンファレンス）が主である。

金融ISACは2019年4月に内閣サイバーセキュリティセンターの下に設置された官民連携のためのサイバーセキュリティ協議会にも参画している。金融機関のサイバーセキュリティー管理態勢の実効性を高めるため、**日本銀行**と**金融庁**とが、2022年度から地域金融機関向けに「サイバーセキュリティセルフアセスメント（CSSA）」を実施しており、金融ISACや金融機関のCSIRT活動への期待も高まっている。

経営革新等支援機関

国から「中小企業・小規模事業者からの経営相談に対応できる専門的知識や支援に係る実務経験を有する」と認定を受けた個人や法人、認定支援機関。

中小企業などへの支援事業の担い手の多様化と活性化を図るため、2012年8月に施行された「中小企業経営力強化支援法」に基づき、一定レベル以上の専門知識や実務経験を有する個人や法人を公的な支援機関として認定する制度が創設された。

具体的には、全国の商工会議所、税理士、弁護士、民間コンサルティング会社、地域金融機関などが支援機関として認定されている。2023年8月末時点の全国の認定支援機関の総数は3万9,845機関で、税理士が最も多い。従来、経営革新等支援機関の認定の際には、各経済産業局が発行する認定通知書とは別に、認定証を発行していたが、業務軽減の観点から現在は廃止された。経営相談を希望する中小企業は中小企業庁のホームページから、認定経営革新等支援機関検索システムを通じて各支援機関の得意分野や実績を検索することができる。支援内容は、経営の状況に関する調査・分析、事業計画の策定や必要な指導、助言である。支援した案件の継続的なモニタリングやフォローアップも行っている。さらに、資金調達力の向上へ計算書類などの作成及び活用を推奨している。

支援体制の強化や支援能力向上を図るため、中小企業基盤整備機構では、認定支援機関に対し各種の研修やセミナーを実施している。そのほか、中小機構の各地域本部での窓口相談や専門家らの派遣による出張相談も行っている。

財務省

国の予算・決算の作成、内国税制度、関税制度の企画・立案、国債・貨幣の発行、外国為替・国際通貨制度の企画・立案などを担当する組織。

1997年に、大蔵省から金融機関などに対する検査・監督の機能が新設の金融監督庁に移管され、同庁が2000年7月に**金融庁**に改組されると、金融危機管理（共管）を除く金融制度の企画・立案機能も移管された。これにより大蔵省は、2001年1月の中央省庁再編で財務省に改組された。

財務省の機構は本省と外局に分かれており、本省は、内部部局、施設等機関、地方支分部局によって構成されている。

このうち内部部局は、①総合調整、政策金融機関に関する制度及び金融危機管理に関する企画・立案などを行う「大臣官房」②国の予算・決算及び会計制度の企画・立案などを行う「主計局」③内国税制度の企画・立案などを行う「主税局」④関税制度の企画・立案などを行う「関税局」⑤国庫制度や公債・貨幣の発行及び財政投融資などを行う「理財局」⑥外国為替・国際通貨制度の安定に関する調査・企画・立案などの事務を行う「国際局」によって構成されている。

施設等機関は、財務総合政策研究所、会計センター、関税中央分析所、税関研修所の4機関で構成されている。

地方支分部局については、財務局（全国9カ所）、税関（同8カ所）及び、沖縄地区税関で構成される。

外局としては国税庁があり、内国税の賦課徴収などを担当している。

また、造幣局及び国立印刷局、ならびに日本政策投資銀行などを所管している。

事業承継・引継ぎ支援センター

中小企業・小規模事業者の事業の存続や承継に関する問題について、情報提供や支援を行うことを目的に、全国の各都道府県に設置されている支援機関。

中小企業・小規模事業者は、後継者不足による事業承継問題が深刻化している。後継者がおらず廃業を余儀なくされる会社や事業も少なくない。

これらの問題の改善を図るため、中小企業に対して専門家による適切な助言や情報提供、マッチング支援を実施するために中小企業基盤整備機構が設置した公的な支援機関として、事業引継ぎ支援センターは設立された。

2011年に法改正を受けて、まず、全国47都道府県の商工会議所などの認定支援機関に「事業引継ぎ相談窓口」が設置された。そのうち、M&Aの活用を含めたより専門的な支援を実施することを目的に、事業引き継ぎ支援のニーズが高く、かつ支援体制が整った地域についてのみ事業引継ぎ支援センターが設置された。

現在では全国47都道府県の全てに開設され、2020年度からは全国の事業引継ぎ支援センターに後継者人材バンクが設置された。また、2021年4月には、親族内支援を行う事業承継ネットワークと統合し、現在の事業承継・引継ぎ支援センターに改組された。2022年度からは、地域の事業承継のワンストップ機能を持つ支援機関として、事業承継診断などの事業を拡充した。

2022年度の事業承継に関する同センターへの相談者数は、前年度比107%の2万2,361者で過去最高となった。第三者承継（M&A）の成約件数についても、同111%の1,681件と同じく過去最高を記録した。

証券取引等監視委員会

証券取引の公正確保を目的として1992年に設置。調査・検査を通じた市場監視を行い、市場の公正性・透明性の確保や投資者保護を実現する組織である。

証券取引等監視委員会は**金融庁**に置かれる審議会等の組織の1つである。委員長と委員2人からなる委員会のもとに、職員400人強の事務局が置かれている。

1991年に証券大手4社による損失補填問題が発覚し、世論の批判が高まると、大蔵省(現**財務省**)は、損失補填や取引一任勘定の禁止などを内容とした「改正証券取引法」を成立させた。これと並行して、大蔵省内に証券取引委員会を設置し、のちに銀行局、証券局が金融監督庁(現金融庁)として独立すると、同庁に移管された。

現在では、市場の公正性・透明性の確保、投資者保護等を目的に、①インサイダー取引・相場操縦等の不公正取引に対する調査 ②上場企業等のディスクロージャー違反に対する開示検査 ③金融商品取引業者等の法令違反行為等に対する証券検査 ④調査・検査結果を踏まえた行政処分・課徴金納付命令の勧告や告発、などの活動を行う。審査の実施は年1,000件程度、情報の受付は年6,000〜7,000件程度であり、これらを受け年に数件程度、反則事件の告発を行う。村上ファンドによるニッポン放送株のインサイダー取引事件などで記憶されている。

新たな金融商品の開発とともに、その業務範囲も拡大している。暗号資産、デリバティブ取引や商品関連デリバティブ取引を業として行う者が第一種金融商品取引業者に位置付けられ、証券検査における対象となった。

商工組合中央金庫の民営化

商工組合中央金庫は、中小企業に限定して資金供給等を行う金融機関。現在政府が株式の46.5％を保有しているが、今後株式の完全売却が行われ、完全民営化が予定されている。

商工組合中央金庫は、1936年に国と中央企業組合の共同出資によって設立された、中小企業による中小企業のための金融機関であり、商工中金に出資する中小企業団体の構成員である中小企業等に限定した形で、資金の供給などを行っている。

また、民間の金融機関とは異なり、国費によって、貸し倒れリスクの高い中小企業への融資の補償や利子の引き下げなどを行うことで、大規模な自然災害や経済危機などの危機に際して、中小企業の資金繰りを支える「危機対応業務」を担っている。

2006年に、当時の小泉純一郎政権の政策金融改革の一環で完全民営化方針が決定したが、その後リーマン・ショックや東日本大震災などの影響により、完全民営化が延期となっていた。

2016年に危機対応業務に係る不正事案が発覚し、同事案も踏まえた経営改革を行い財務状況の改善が図られ完全民営化への道筋がついた。

このため、政府保有株式の全部売却などを定めた改正商工中金法が2023年6月に成立・公布された。

公布から2年以内に政府保有株が売却され、4年以内に政府による代表取締役の認可も廃止される。

一方、危機対応業務は当面維持され、業務範囲の拡大もあることから、法律にも規定された地域金融機関との連携や民業圧迫の回避も引き続き求められている。

中小企業活性化協議会

経営不振に陥った中小企業に、税理士や弁護士ら知識と経験を持つ専門家が解決に向けた助言や再生支援を行うことを目的に、各都道府県に設置された組織。

前身の中小企業再生支援協議会は、2003年4月施行の産業再生法に基づき、中小企業に再生支援業務を行う者として認定を受けた商工会議所などの支援機関を受託機関として、同機関内に設置されている。同年2月から全国に順次設置、現在は全国47都道府県に1カ所ずつ設置されている。

各地の支援協議会では、事業再生に関する知識と経験を持つ専門家（金融機関出身者、公認会計士、税理士、弁護士、中小企業診断士ら）が統括責任者として常駐し、経営不振に陥った中小企業からの相談を受け付けている。解決に向けた助言や支援策・支援機関の紹介（一次対応）だけでなく、事業性など一定の要件を満たす場合には、再生計画の策定支援（二次対応）も行っている。あくまでも公正中立な第三者の機関であり、当該企業の事業面や財務面の詳細な調査分析を実施し、金融機関へ調停案の提示を含めた再生計画の策定を支援している。

発足以降、2022年度末までに6万624社からの相談に応じ、1万7,675社の再生計画の策定支援を完了し成果を上げている。なお、2022年4月に経営改善支援センターと統合され、現在の中小企業活性化協議会に名称が変更された。

また、ガバナンス体制の整備支援に取り組むことを明確化したことを踏まえ、2023年3月に「中小企業活性化協議会実施基本要領」等を改訂している。

日本銀行

日本の中央銀行。銀行券の発行、物価の安定を図り、国民経済の健全な発展及び決済システムの円滑を確保し、信用秩序の維持に資することを目的としている。

日本銀行は、1882年の日本銀行条例により設立、1942年には旧「日本銀行法」が制定され、その後、大蔵省（現**財務省**）改革の一環で1997年に旧日銀法が全面改正されて新「日本銀行法」が成立し、1998年4月に施行された。

新日銀法では、政府の広範な監督権限を合法性のチェックに限定し、政策委員会の政府代表委員制度の廃止等によって、独立性の確保が図られた。また、業務内容の明確化の観点から、金融機関に対する考査の法定化がなされた。

日銀は、政策委員会を最高意思決定機関としており、その構成員（総裁、副総裁及び審議委員）は、国会の同意を得て内閣が任命する。

本店には、①政策委員会の議事運営などを担う「政策委員会室」②通貨・金融調節に関する基本的事項の企画・立案を担う「企画局」③信用秩序の維持に関する基本的事項の企画・立案や考査などを担う「金融機構局」④決済システムに関する基本的事項の企画・立案などを担う「決済機構局」⑤金融市場調節の実施内容の決定などを担う「金融市場局」⑥外国中央銀行との連絡・調整などを行う「国際局」、など14局室及び金融研究所が設置されている。

本店以外に、国内32支店、14事務所、海外7駐在員事務所の拠点を有している。

近時では、**中央銀行デジタル通貨（CBDC）**に対する社会要請を踏まえ、他の中央銀行と連携して検討を行っている。

バーゼル銀行監督委員会

主要国の中央銀行と銀行監督当局の代表で構成し、銀行監督などに関する国際協調を担う。バーゼル規制など銀行のリスク管理に関する実務の推進強化等に取り組んでいる。

バーゼル銀行監督委員会（BCBS）は、1974年に設立された委員会で、銀行の健全性維持を目指した自己資本比率基準やリスク管理指針などを協議する場である。上位機関に中央銀行総裁・銀行監督当局長官グループ（GHOS）がある。メンバーは、日本を含む28の国・地域の中央銀行と銀行監督当局の代表である。委員会は通常、スイス・バーゼルの国際決済銀行（BIS）で開かれる（日本は**日本銀行**と**金融庁**が参加）。

同委員会には銀行への直接的な監督権限が無く合意事項も法的拘束力はないが、主要国を中心に幅広く実施されている。1988年策定の「自己資本の測定と基準に関する国際的統一化」による規制（バーゼルⅠ）は、2004年にリスク算出基準が精緻化された（バーゼルⅡ）。その後2010年には、自己資本の最低水準引き上げや質の厳格化が合意された。

また、レバレッジ比率規制や良質な流動資産確保を求めるLCR（流動性カバレッジ比率）の導入、グローバルにシステム上重要な銀行（G-SIBs）に対する追加措置も合意（**バーゼルⅢ**）、既に段階的に実施され2028年初に完全実施予定である。このほか、気象関連金融リスクや暗号資産エクスポージャーの開示要件に関する市中協議にも合意した。

同委員会はマクロプルーデンスを重視し、国際的基準設置団体として金融システムの安定性を高めたとみられる。

バーゼルⅢ

銀行の資本基盤強化、レバレッジ抑制及び流動性リスク管理強化を目的にバーゼルⅡを見直して2010年に合意に達した枠組み。リスクアセットの見直しを経て2017年に最終化された。

◆自己資本比率規制

「自己資本の質の強化」及び「リスク捕捉の強化」を目的とした見直しである。

「自己資本の質の強化」は、損失吸収力の高い資本である「普通株式等Tier1」を中心とした資本構成を促すために、従来の自己資本比率8％に加えて普通株式等Tier1比率4.5％及びTier1比率6.0％を最低比率として設定。

また、調整項目（従来の控除項目）の定義を厳格化し、普通株式等Tier1で調整するようにした。「リスク捕捉の強化」は、デリバティブ取引に伴うカウンターパーティリスクや大規模金融機関へのエクスポージャーにかかわる資本賦課を強めるものとなった。

日本では、国際統一基準行には2013年3月末から導入され、国内基準行には2014年3月末から導入された。国内基準行には、「コア資本」（普通株式及び内部留保を中心に、強制転換型優先株式を加えたもの）の概念が導入され、国内独自のルールも設けられた。

◆レバレッジ比率規制

過度なレバレッジの積み上がりの抑制を目的として、バーゼルⅢから新たに導入された規制である。

日本では、2019年3月から国際統一基準行を対象に最低所要比率3％を求めるレバレッジ比率規制（第一の柱）が導入された。「レバレッジ比率＝Tier1の額÷（オンバランス項目、デリバティブ、証券金融取引及びオフバランス項目

金融基礎法令・機関

の合計額）≧3％」

◆**流動性規制（LCR）**

景気後退局面といった「ストレス時」の資金繰りに対応できるように、流動性の高い資産の保有を促進することを目的として、バーゼルⅢから新たに導入された規制である。国際統一基準行に適用。「流動性カバレッジ比率（LCR）＝適格流動資産の額÷30日間のストレス期間に想定されるキャッシュアウト≧100％」

◆**流動性規制（安定調達比率）**

資産の運用と調達の期間のミスマッチを抑制することを目的に、バーゼルⅢから新たに導入された規制。国際統一基準行に対して2021年9月末から適用。「安定調達比率＝安定調達額÷運用資産の期間に応じた所用安定調達額≧100％」なお、バーゼルⅢの導入後も、内部モデルの使用に伴うリスクアセット計測のバラつきやリスクに対する感応度の向上等を目指し、見直しが続けられた。

2017年12月に、信用リスクの標準的手法・内部格付手法、資本フロアの設定、オペレーショナルリスクの計測手法、CVAリスクの計測手法及びレバレッジ比率について見直しが行われ、バーゼルⅢの枠組みは最終化に至った。

マーケットリスクの計測手法も含むこれらの見直しは、国際統一基準行及び内部モデルを用いる国内基準行については2024年3月末から適用し、それ以外の国内基準行については2025年3月末から適用される予定である。

ただし、**金融庁**への事前届出により2023年3月末からの早期適用も可能。これまで内部モデルを採用していた銀行は、内部モデルの使用の制限や資本フロアの導入に伴うリスクアセットの増加などにより、各行のリスク管理やビジネス戦略に影響を与えることが予想されている。

犯罪収益移転防止法

マネーロンダリングやテロ資金供与を防止するため、金融機関等に対して本人確認や疑わしい取引の届け出義務を課した法律。近年、数次にわたり改正が実施されている。

2008年に施行された犯罪収益移転防止法（以下、犯収法）は、その後数次にわたって改正により厳正化が図られてきた。2013年施行の改正では、取引時の確認事項の拡充やハイリスク取引の類型の拡大が導入された。2016年施行の再改正では、①疑わしい取引の届け出の判断方法の明確化 ②法人の実質支配者の確認の強化 ③写真のない身分証明書を使用する際の本人確認手続きの厳格化、が導入された。2019年には**eKYC**が認可され、2020年には、金融機関等による本人確認の手続きが厳格化された。

2021年8月、**マネーロンダリング対策**の国際組織のFATA（金融活動作業部会）は、日本のマネロン対策は実質不合格であるとの判定を公表した。結果を受けて、**金融庁**は金融機関に対し、2024年3月末までに同庁が作成した指針に対応するよう要請した。

近年、金融機関によるマネロンの疑いのある取引の届け出は増加が続いている。これまで金融機関は不正送金の検知を個別に行ってきた。マネロン対策を共同で行うことが可能になれば、効率化や先進システムの導入がしやすくなる。2024年には**為替取引分析業**が認可され、マネロン関連業務の委託先として活動を開始する予定である。

FATAは2026年6月頃にフォローアップ審査を実施する予定であり、金融庁は金融機関に対して実効性を伴うマネロン対策を求めている。

暴力団排除条項

暴力団等との取引拒絶や、取引開始後に取引の相手方が暴力団等であることが判明した場合に契約を解除する旨を記載した契約条項。金融機関は厳正な運用が求められている。

近年、暴力団等の反社会的勢力（以下、反社）は活動実態を隠すために通常の企業活動を装うなど、資金獲得活動を巧妙化させている。こうした状況に対応するため、2007年に政府は「企業が反社会的勢力による被害を防止するための指針」を公表し、対策の1つとして暴力団排除条項（以下、暴排条項）の導入が盛り込まれた。

2008年に**金融庁**は上記指針を踏まえ、監督指針を改正した。これを受け、全国銀行協会は銀行取引約定書や普通預金、当座勘定の暴排条項の参考例を発表した。2011年に全銀協は、暴力団の共生者や元暴力団員も排除対象とすることを明確にする改正を実施した。現在、多くの銀行が暴力団離脱後も5年間は口座開設に応じない「元暴5年条項」を導入している。

2018年から、反社情報システムの運営が開始された。金融機関は、必要に応じて預金保険機構を経由して警察庁の保有する反社データベースに照会を行っている。

暴排条項の効果もあり、暴力団組織は衰退傾向にある。この一方で、元暴5年条項は給与振込等の利用を不可能にするため、暴力団離脱者の社会復帰を妨げる壁となっているとの批判があった。2022年以降、警察庁は、警察が暴力団からの離脱を確認し暴力追放運動推進センターの協賛企業に就職した人に関して、口座開設に協力するよう金融機関に対して要請を行っている。

よろず支援拠点

中小企業・小規模事業者の経営上の様々な悩みや課題をワンストップで支援することを目的に、2014年6月から全国の各都道府県に設置されている経営相談所。

よろず支援拠点は、売り上げ拡大や経営改善、**事業承継**、創業など、中小企業・小規模事業者のあらゆる悩みの相談にワンストップで対応することを目的に、国が全国の各都道府県に2014年から設置している経営相談所である。

中小企業基盤整備機構が全国本部として各よろず支援拠点をバックアップしている。利用者は何度でも無料で相談することができるのが特徴になっている。

よろず支援拠点が設置された背景には、アベノミクスにおける成長戦略の1つとして成立した「小規模企業振興基本法」があり、よろず支援拠点が地域活性化の中核的な存在となることやそのノウハウが地域の支援機関に普及していくことが期待されていた。

相談内容に応じて、適切な支援機関や専門家の紹介、国や自治体の支援策の利用促進、その担当者の紹介を行っている。これまでの主要な支援事例は、よろず支援拠点全国本部のホームページ上において、都道府県、業種、課題別に細かく検索することができる。

2022年度の実績は、コロナ禍の影響で前年度まで2年連続して減少していた来訪相談者数が増加に転じ、相談対応件数は前年比15％増の52万5,564件であった。問題解決件数も前年比19％増の3万6,599件であった。また、2022年度からは、環境激変下における経営者の潜在力引き出しに向けた伴走支援を、全ての拠点で実施している。

ECB(欧州中央銀行)

欧州20カ国が加盟する通貨協定の中央銀行。1999年に設立され、加盟国の物価安定を目標とする金融政策を行う。ラガルド総裁には、インフレ抑制への期待が高まっている。

欧州では、ECBが1999年以降、加盟国の物価安定を目標とする金融政策を行っている。欧州連合参加国のうち、19カ国が加盟する単一通貨ユーロの通貨管理体制を総称して、ユーロシステムと呼ぶ。

ECBの組織は、6人から構成される役員会、加盟19カ国の中央銀行総裁から構成される政策理事会(合計25人)が、金融政策にかかわる意思決定を行う。役員会、政策理事会では、政策金利であるリファイナンス金利の水準の決定ほか、近年はこれらに単一監督メカニズム(SSM)に基づく、銀行監督が新たな任務として加えられた。

金融政策にかかわる意思決定を行う政策理事会の討議にかかわる報道発表は6週間ごとに実施される。**日本銀行**の金融政策決定会合、米国の連邦公開市場委員会の開催頻度が年間8回であることと比較すると、ECB政策理事会は他の先進主要国よりも高い頻度で開催され、報道発表されていることになる。

マリオ・ドラギECB総裁退任後、2019年10月にクリスティーヌ・ラガルド前国際通貨基金(IMF)専務理事が総裁に就任した。就任当初はデフレ克服が政策課題であったが、2022年のウクライナ紛争以降は、エネルギー価格の上昇により、一転して、インフレ圧力の克服が政策課題となっている。加盟各国それぞれのインフレ率が異なることもあり、難しい政策運営を余儀なくされている。

FRB(米国連邦準備制度理事会)

米国の中央銀行としての役割を担う米連邦準備制度の中核機関。各地域において銀行監督や紙幣発行を行う12の地区連邦準備銀行を統括し、金融政策などを遂行する。

国土面積が広大な米国では、東海岸と西海岸の金利水準や経済動向が異なる状況が生じる。このため、**日本銀行**やイングランド銀行とは異なり、米国では12の地区連銀が地域ごとに存在し、銀行監督や紙幣の発行を行っている。

FRBは、この12の地区連銀のとりまとめ役としてワシントンDCに本部を置く。重要な任務である金融政策は、6週間ごとに開催される米連邦公開市場委員会(FOMC)で決定される。FOMCでは、フェデラル・ファンド・レート(FF金利)の誘導目標が決定され、FRBが短期金融市場でこの誘導目標に向けた金融調節を実施する。

この金融政策を決定するFOMCは、大統領に指名される7人のFRB理事と5人の地区連銀総裁により構成される。議決権を持つ5人の地区連銀総裁を含むことで、異なる地域の経済動向を1つの金融政策に反映する。

FRBは、1913年の連邦準備法に基づき設立された連邦準備局を前身とし、1935年の銀行法施行以降、現在の名称が掲げられている。FRB理事7人から議長、副議長が選任され、4年ごとに改選される。

FRBは連邦準備法上、中央銀行としての独立性が保証される。パウエルFRB議長は、米国内で高まるインフレ率への対策として、利上げをくり返してきた。このFRBの金融政策は、国内経済のみならず最近の外国為替市場にも影響をもたらしている。

FSB(金融安定理事会)

金融システムの安定に係る国際的な課題について議論することを目的とした、監督当局等から構成される国際的な組織。日本からは金融庁、財務省、日本銀行が参加。

FSB（Financial Stability Board）は、2009年4月に設立された国際的な組織であり、全てのG20（主要20カ国・地域）に所属する国や地域等の国内当局（監督当局、**財務省**、中央銀行）のほか、国際通貨基金（IMF）などの国際金融機関、**バーゼル銀行監督委員会**などの金融分野の国際基準設定主体から構成される。

金融システムの脆弱性への対応や安定を担う当局間の協調の促進に向けた活動などが行われている。例えば、気候変動による金融リスク、金融技術革新への対応（暗号資産やステーブルコインなど）、クロスボーダー送金の改善、サイバー／オペレーショナルレジリエンス、金融機関の実効的な破綻処理などに取り組む。

国際的な議論の枠組み

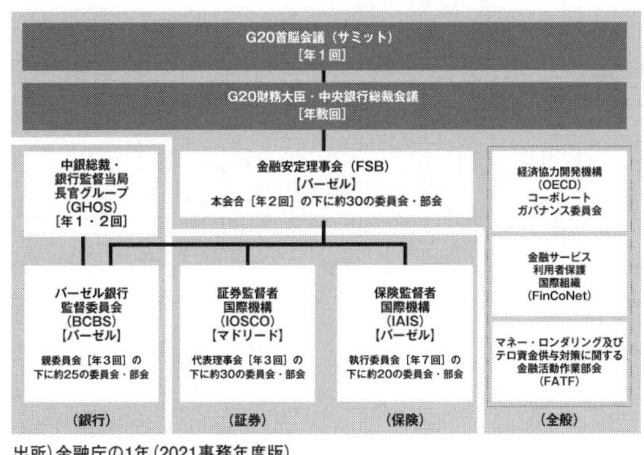

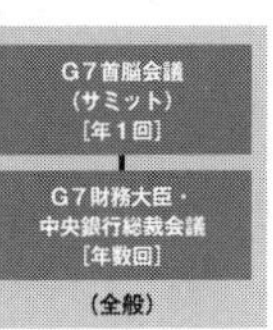

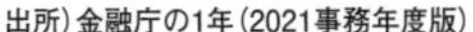
出所）金融庁の1年（2021事務年度版）

G-SIFIs

「Global Systemically Important Financial Institutions」の略で、国際金融システム上重要な金融機関。これを銀行に限定したものがG-SIBs（Global Systemically Important Banks）である。

リーマン・ショック後、リーマン・ブラザーズのような大手金融機関の経営破綻によるシステミックリスクを回避しつつ、破綻処理が難しい大手金融機関の経営にモラルハザードを防止することが各国金融当局の共通課題となった。2010年11月に**FSB（金融安定理事会）**はG-SIFIsについて規制強化する方針を公表した。2011年11月のG20首脳会議では、追加的な自己資本規制の強化や再建・破綻処理計画の策定を求めることで合意した。

2011年以降、FSBは毎年11月にG-SIFIsを指定している。一時、保険会社はG-SIFIsの対象とされたが、2017年以降は銀行のみが対象とされている。現在、G-SIFIsとG-SIBsは同一となっている。

日本では3メガバンクのグループがG-SIBsの指定を受けている。このほかに、**金融庁**は国内の金融システム上重要な銀行（D-SIBs）として三井住友トラストHD、農林中央金庫、大和証券G、野村HDの4社を指定している。

G-SIBsは、重要性の区分に応じて自己資本比率の上乗せが求められる。JPMorgan Chaseは2.5％と、最も大幅な上乗せが適用されている。邦銀で三菱UFJが1.5％、みずほと三井住友は1.0％が適用されている（2022年11月時点）。

G-SIBsにはTLAC（総損失吸収能力）の規制も適用される。具体的には、損失を吸収できる社債等をリスク資産比で一定水準以上、保有することが義務付けられている。

IX
特別資料

都市銀行、地域銀行、信用金庫、信用組合、
労働金庫の(共同)システムの現状

業態別金融機関計数

全国銀行主要計数

全国信用金庫主要計数

地域銀行の持ち株会社

金融界10大ニュース

都市銀行、地域銀行、信用金庫、信用組合、労働金庫の（共同）システムの現状（2023年10月時点）

業態	共同システムの名称	ベンダー	参加金融機関 金融機関名	参加金融機関 地域金融機関数
都市銀行		日本 IBM	三菱 UFJ 銀行	
		NTT データ	みずほ銀行	
		NEC	三井住友銀行	
	りそな共同システム	NTT データ （日本 IBM）＊	りそな銀行・埼玉りそな銀行 関西みらい＊	1
地方銀行・第二地方銀行	地銀共同センター （BeSTA）	NTT データ	京都・青森・秋田・千葉興業・岩手・福井 池田泉州・四国・西日本シティ・鳥取 大分・山陰合同・【愛知】	13
	BeSTAcloud	NTT データ	北都・荘内 【福岡中央＊＊・佐賀共栄＊＊・長崎＊＊・ 豊和＊＊・宮崎太陽＊＊・南日本＊＊・沖縄海邦】	9
	MEJAR （BeSTA ベース）	NTT データ	横浜・北陸・北海道・七十七・【東日本】	5
	STELLA CUBE （BeSTA ベース）	NTT データ	東北・きらぼし・富山・但馬 【長野・神奈川・きらやか・仙台・福邦・名古屋】	10
	NTT データ			38 （38%）
	NEXTBASE （BeSTA ベース）	日立製作所	三十三 【北日本・大東・栃木・大光・静岡中央 中京・徳島大正・トマト・香川・高知】	11
	BeSTA ベース			48 （48%）
	OpenStage （Linux 基盤のオープン勘定系）	日立製作所	肥後・静岡	2
	Banks'ware ＊＊＊	日立製作所	みちのく	1
	じゅうだん会 （八十二銀行ベース）	日本 IBM	八十二・阿波・山形・琉球・武蔵野・筑波 宮崎	7
	Chance （三菱 UFJFG ベース）	日本 IBM	常陽・足利・百十四・十六・南都 山口・北九州・【もみじ】	8
	Flight21 （福岡銀行ベース）	日本 IBM	広島・福岡・十八親和・【熊本】	4
	TSUBASA （千葉銀行ベース）	日本 IBM	千葉・第四北越・中国・【北洋】	4
	日本 IBM			23 （23%）
	PROBANK ##	富士通	東邦・清水・【西京】	3
	FSPS	富士通	滋賀	1
	Banking Web21	NEC	【東京スター】	1
	Bank Vision	BIPROGY	紀陽 #・百五・北國・山梨中央・スルガ 筑邦・佐賀・鹿児島・大垣共立	9

業態	共同システムの名称	ベンダー	参加金融機関	
			金融機関名	金融機関数
地方銀行・第二地方銀行	共同システム利用金融機関			89 (90%)
	単独自営	BIPROGY (alphAcross)	【福島】	1
		富士通 (APFS)	【東和・富山第一・みなと】	3
		独自	群馬（富士通）・伊予（日本 IBM）・沖縄（NEC） 【愛媛（NEC）・島根（日本 IBM）・京葉（日立）】	6
	地方銀行・第二地方銀行の合計			99
信用金庫	しんきん共同センター	NTT データ	235 信用金庫	235 (92.5%)
	北海道 OSC（SBI21）	BIPROGY	室蘭・旭川・北海道	3
	SOBC 東京（SBI21）	BIPROGY	湘南・西武・青木・水戸	4
	SC-WEST（SBI21）	BIPROGY	金沢・尼崎	2
	自営 SBI21	BIPROGY	朝日・東京東・京都中央・埼玉縣（自営） 横浜（アウトソーシング）	5
	日本ユニシス			14 (5.5%)
	共同システム利用金融機関			249 (98.0%)
	単独自営		京都・城南・川崎・播州・高知	5
	信用金庫の合計			254
信用組合	SKC センター	NTT データ	142 信用組合（＋全信組連）	142 (97.9%)
	単独自営	富士通 (APFS)	長野県	1
		独自	福岡県庁・福岡県医師	2
	信用組合の合計			145
労働金庫	アール・ワンシステム (BeSTA ベース)	NTT データ	13 労働金庫＋労金連合会	13 (100%)
総金融機関数				511

（注１）＊印は、2019.1にシステムバンキング九州共同センター（SBK）（NTTデータ運営の共同システム）参加の6行が移行したことを示す。
＊＊印は、肥後・みちのく・山陰合同が共同利用していたBanks'wareを指す。
＊＊＊印は、2019.4にSMBCシステム（NEC）を使用していた関西アーバン銀行が近畿大阪銀行と合併した後、2019.10にりそな共同システムに移行したことを示す。
#印は、2022.8に紀陽銀行がWindowsで稼働するオープン勘定系システム「BankVison on Azure」に移行したことを示す。
##印は、PROBANK加盟行の3行のうち、東邦銀行が2024.1にTSUBASAに移行（2019.9公表）、清水銀行が2024.5にSTELLACUBEに移行（2021.9公表）、西京銀行が2024年度にWindowsで稼働するオープン勘定系システム「BankVison on Azure」に移行すること（2021.9公表）を指す。
（注２）滋賀銀行は2020年9月に自営を維持し、システムを刷新すること（日立製作所に乗換え）を公表。
東和銀行は2021年6月に自営を維持し、2024年度までの3年間で50億円超のシステム投資を行うことを公表。
みちのく・中京・長野は経営統合に伴うシステム移行（2025年1月・25年度）を公表。
福島銀行は2022年1月にSBIHDとの間で共同開発するクラウド勘定系システムに移行（2024年中）と公表。
広島銀行は2030年度にMEJARへの移行を公表。みなと銀行は2025年にりそな共同システムへの移行を公表。
【　】内は第二地方銀行協会加盟行を指す。
出所：信州大学 山沖義和教授作成

業態別金融機関計数

機　関　数

	1980年	90年	2000年	10年	19年	20年	21年	22年	23年
都　　銀	13	13	9	6	5	5	5	5	5
長 信 銀	3	3	3	–	–	–	–	–	–
信 託 銀	7	7	7	6	5	5	5	5	5
その他銀行	–	–	–	13	14	14	14	16	16
地　　銀	63	64	64	64	64	64	62	62	62
第二地銀	71	68	60	42	40	38	38	37	37
信　　金	462	454	386	272	259	255	254	254	254
信　　組	483	414	291	159	146	145	145	145	145
小　　計	1,102	1,023	820	562	532	526	523	524	524
労　　金	47	47	41	13	13	13	13	13	13
農　　協	4,546	3,737	1,542	724	628	603	576	563	546
ゆうちょ銀	1	1	1	1	1	1	1	1	1
合　計	5,690	4,808	2,404	1,300	1,174	1,143	1,113	1,101	1,084

店　舗　数　　（単位＝店）

	1980年	90年	2000年	10年	19年	20年	21年	22年	23年
都　　銀	2,780	3,653	3,042	2,475	2,752	2,718	2,804	2,764	2,751
長 信 銀	63	93	88	–	–	–	–	–	–
信 託 銀	319	419	424	281	305	308	308	298	296
その他銀行	–	–	–	376	364	369	386	429	569
地　　銀	5,498	7,456	7,924	7,521	7,605	7,779	7,758	7,835	7,824
第二地銀	3,734	4,626	4,569	3,089	2,962	2,812	2,799	2,700	2,700
信　　金	5,379	7,936	8,638	7,619	7,294	7,237	7,181	7,129	7,106
信　　組	2,505	2,945	2,573	1,765	1,633	1,614	1,597	1,579	1,577
小　　計	20,278	27,128	27,258	23,126	23,023	22,837	22,833	22,734	22,823
労　　金	483	646	693	665	620	614	608	606	605
農　　協	16,893	16,314	14,100	8,707	7,547	7,220	6,879	6,445	6,147
ゆうちょ銀	22,850	23,503	24,768	24,185	23,944	23,881	23,815	23,734	23,642
合　計	60,504	67,591	66,819	56,683	55,134	54,552	54,135	53,519	53,217

行　職　員　数　　（単位＝人）

	1980年	90年	2000年	10年	19年	20年	21年	22年	23年
都　　銀	181,007	152,237	119,076	96,395	104,480	100,850	98,093	94,142	96,511
長 信 銀	9,408	10,814	8,284	–	–	–	–	–	–
信 託 銀	33,762	31,193	30,113	23,858	25,968	25,951	25,856	25,019	24,994
その他銀行	–	–	–	7,278	10,385	10,807	11,188	11,483	11,911
地　　銀	158,962	158,243	152,370	125,069	129,412	128,638	126,668	124,376	121,529
第二地銀	89,992	86,845	75,308	47,884	41,647	37,534	36,841	33,845	32,974
信　　金	144,023	151,932	144,807	115,638	106,541	104,073	103,071	101,552	99,087
信　　組	43,189	44,288	33,074	21,811	19,416	19,039	18,829	18,456	18,019
合　計	660,343	635,552	563,032	437,933	437,849	426,892	420,546	408,873	405,025

①各年３月末　②信託銀、その他銀行の対象は次ページの注釈の通り
③店舗数には仮想店舗、海外店舗を含み、移動出張所、外貨両替専門店、海外駐在員事務所、店外CD・ATM、代理店は含まない
④信金、信組の職員数には常勤役員を含む　⑤農協の店舗数は内国為替取扱店舗数　⑥ゆうちょ銀の店舗数は貯金取扱店

資 金 量

（単位＝億円、％）

	1980年	90年	2000年	10年	19年	20年	21年	22年	23年
都　　銀	1,043,141	3,519,095	2,483,633	2,814,023	4,447,997	4,640,900	5,065,264	5,220,378	5,533,688
	28.9	33.6	22.1	25.7	30.9	31.5	31.9	31.9	32.6
長信銀	234,243	661,606	392,061	-	-	-	-	-	-
	6.5	6.3	3.5	-	-	-	-	-	-
信託銀	321,962	1,296,508	1,399,201	1,182,384	1,625,291	1,620,082	1,726,845	1,798,711	1,875,490
	8.9	12.4	12.4	10.8	11.3	11.0	10.9	11.0	11.1
その他銀行	-	-	-	202,290	308,511	345,110	402,987	449,901	512,096
	-	-	-	1.8	2.1	2.3	2.5	2.7	3.0
地　　銀	574,153	1,570,825	1,751,270	2,075,477	2,687,066	2,783,365	3,060,518	3,189,842	3,253,342
	15.9	15.0	15.6	19.0	18.7	18.9	19.3	19.5	19.2
第二地銀	253,201	549,327	598,696	567,701	655,115	624,209	675,215	670,633	685,307
	7.0	5.3	5.3	5.2	4.5	4.2	4.2	4.1	4.0
信　　金	314,083	750,795	1,020,320	1,173,805	1,434,794	1,452,677	1,557,716	1,590,657	1,603,088
	8.7	7.2	9.1	10.7	10.0	9.8	9.8	9.7	9.5
信　　組	80,100	198,617	191,966	167,335	207,219	211,722	224,048	229,805	234,123
	2.2	1.9	1.7	1.5	1.4	1.4	1.4	1.4	1.4
労　　金	26,155	65,660	111,791	160,429	195,936	201,713	212,129	219,405	223,718
	0.7	0.6	1.0	1.5	1.4	1.4	1.3	1.3	1.3
農　　協	244,253	510,722	702,556	844,774	1,032,245	1,041,244	1,068,900	1,083,432	1,086,486
	6.8	4.9	6.2	7.7	7.2	7.1	6.7	6.6	6.4
ゆうちょ銀	513,819	1,345,723	2,602,932	1,757,977	1,809,991	1,830,047	1,895,934	1,934,419	1,949,515
	14.3	12.9	23.1	16.1	12.6	12.4	11.9	11.8	11.5
合　計	3,605,110	10,468,878	11,254,426	10,946,195	14,403,657	14,751,069	15,889,556	16,387,183	16,956,853

融 資 量

（単位＝億円、％）

	1980年	90年	2000年	10年	19年	20年	21年	22年	23年
都　　銀	771,718	2,534,649	2,422,242	2,084,722	2,679,333	2,775,777	2,818,159	2,909,318	3,101,918
	35.1	41.5	39.0	36.8	37.4	37.6	36.8	36.9	37.3
長信銀	168,869	522,021	340,477	-	-	-	-	-	—
	7.7	8.6	5.5	-	-	-	-	-	—
信託銀	209,049	625,768	464,984	379,020	421,160	422,331	428,241	437,013	445,362
	9.5	10.2	7.5	6.7	5.9	5.7	5.6	5.5	5.4
その他銀行	-	-	-	100,579	210,784	231,948	257,344	288,055	350,972
	-	-	-	1.8	2.9	3.1	3.4	3.7	4.2
地　　銀	414,552	1,131,744	1,345,082	1,549,673	2,098,503	2,208,045	2,309,655	2,382,023	2,493,063
	18.9	18.5	21.7	27.4	29.3	29.9	30.1	30.2	30.0
第二地銀	200,214	446,845	505,738	434,891	521,614	493,350	527,275	523,311	545,468
	9.1	7.3	8.1	7.7	7.3	6.7	6.9	6.6	6.6
信　　金	245,642	538,005	687,159	641,573	719,560	726,667	783,855	787,781	797,929
	11.2	8.8	11.1	11.3	10.0	9.8	10.2	10.0	9.6
信　　組	64,335	151,618	142,433	94,023	114,904	118,548	126,279	129,792	134,895
	2.9	2.5	2.3	1.7	1.6	1.6	1.6	1.6	1.6
労　　金	17,777	31,415	73,830	112,183	135,563	142,011	146,374	150,190	152,905
	0.8	0.5	1.2	2.0	1.9	1.9	1.9	1.9	1.8
農　　協	103,314	123,542	215,586	227,148	207,386	211,752	217,282	223,885	229,390
	4.7	2.0	3.5	4.0	2.9	2.9	2.8	2.8	2.8
ゆうちょ銀	2,047	6,164	9,793	40,225	52,974	49,617	46,917	44,419	56,043
	0.1	0.1	0.2	0.7	0.7	0.7	0.6	0.6	0.7
合　計	2,197,517	6,111,771	6,207,324	5,664,037	7,161,781	7,380,046	7,661,381	7,875,787	8,307,945

上段は資金量、融資量。下段は業態合計に占める割合。資金量には債券、信託勘定等を含み、譲渡性預金は含まない

信託銀（2023年）は、三菱UFJ信託銀、みずほ信託銀、三井住友信託銀、野村信託銀、SMBC信託銀

その他銀行（2023年）は、SBI新生銀、あおぞら銀、PayPay銀、セブン銀、ソニー銀、楽天銀、住信SBIネット銀、auじぶん銀、イオン銀、大和ネクスト銀、ローソン銀、みんなの銀、UI銀、オリックス銀、GMOあおぞらネット銀、SBJ銀

全国銀行主要計数（2023年3月末）

銀行名	資金量（億円）	融資量（億円）	自己資本比率（%）	総資金利ざや（%）
みずほ	1,451,579	872,803	＊ 10.51	0.14
三菱UFJ	1,922,722	971,277	＊ 9.89	0.41
三井住友	1,499,488	943,073	＊ 12.43	0.60
りそな	490,992	226,557	11.72	0.14
埼玉りそな	168,904	88,113	15.09	0.12
三菱UFJ信託	568,810	35,499	＊ 16.41	1.70
みずほ信託	351,639	36,381	＊ 25.94	0.38
三井住友信託	875,239	341,019	＊ 9.74	0.18
野村信託	45,247	11,263	18.70	—
PayPay	16,669	6,244	20.73	1.60
セブン	8,247	355	52.47	2.01
ソニー	34,909	30,097	13.29	0.46
楽天	91,298	37,690	10.57	0.52
住信SBIネット	79,777	66,065	8.95	0.53
auじぶん	27,302	23,287	10.49	1.20
イオン	43,929	24,836	9.88	0.67
大和ネクスト	39,203	14,986	31.60	0.71
ローソン	845	7	20.59	0.36
みんなの	227	70	80.67	0.77
UI	3,358	2,710	6.88	0.41
オリックス	23,646	22,243	12.90	1.73
GMOあおぞらネット	4,134	1,910	33.81	▲ 0.01
SBI新生	80,353	72,556	12.12	0.65
あおぞら	50,813	37,100	8.99	0.07
SBJ	10,634	10,809	10.88	1.65
北海道	58,603	43,587	8.99	0.29
青森	30,596	20,474	9.44	0.14
みちのく	22,068	17,651	8.09	0.21
秋田	30,579	18,978	11.19	0.22
北都	13,620	9,599	8.78	0.44
荘内	13,064	9,482	10.57	0.42
山形	27,483	18,011	10.26	0.29
岩手	31,878	20,182	11.34	0.11
東北	9,109	6,588	8.78	0.10
七十七	86,611	55,701	10.97	0.29

銀行名	資金量（億円）	融資量（億円）	自己資本比率（%）	総資金利ざや（%）
東邦	57,769	39,171	8.87	0.11
群馬	80,537	60,497	＊ 13.23	0.34
足利	69,118	53,655	12.17	0.31
常陽	102,512	72,229	14.39	0.43
筑波	25,125	19,512	8.98	0.07
武蔵野	48,808	39,216	9.01	0.18
千葉	154,244	121,536	＊ 11.02	0.38
千葉興業	28,342	23,567	8.67	0.07
きらぼし	53,482	47,353	8.24	0.40
横浜	178,342	141,659	＊ 15.82	0.45
第四北越	86,161	52,881	9.16	0.11
山梨中央	35,019	22,964	10.26	0.24
八十二	81,864	61,561	＊ 16.56	0.15
北陸	76,112	51,863	9.07	0.20
富山	4,972	3,828	8.03	0.02
北国	43,841	25,456	＊ 8.51	0.14
福井	28,623	18,773	7.67	0.13
静岡	117,525	100,630	＊ 15.50	0.26
スルガ	33,557	20,801	13.05	0.77
清水	15,468	12,511	8.47	0.01
大垣共立	57,190	45,253	7.93	0.15
十六	62,813	47,250	9.36	0.29
三十三	37,681	28,684	7.81	▲ 0.07
百五	57,795	45,711	12.24	0.21
滋賀	57,182	43,602	＊ 15.52	0.11
京都	83,759	63,059	12.97	0.36
関西みらい	72,759	69,074	8.68	0.30
池田泉州	56,159	47,863	11.41	0.29
南都	57,276	39,666	8.96	0.14
紀陽	45,413	36,098	12.30	0.43
但馬	11,544	9,638	7.82	0.11
鳥取	9,925	8,790	8.07	0.02
山陰合同	55,199	43,434	12.11	0.37
中国	79,152	55,664	＊ 11.92	0.16
広島	89,449	72,753	10.81	0.31

銀行名	資金量（億円）	融資量（億円）	自己資本比率（%）	総資金利ざや（%）
山口	55,541	46,055	＊ 16.23	0.40
阿波	32,571	21,696	10.89	0.23
百十四	47,041	33,668	8.60	0.16
伊予	61,890	53,260	＊ 14.18	0.28
四国	30,039	19,792	8.63	0.20
福岡	134,104	116,353	10.07	0.54
筑邦	7,950	5,580	8.17	0.20
佐賀	27,835	21,890	7.69	0.19
十八親和	55,005	42,098	9.01	0.28
肥後	54,359	44,121	10.01	0.47
大分	34,557	20,982	9.60	0.47
宮崎	30,858	22,464	8.67	0.82
鹿児島	48,052	41,253	10.49	0.42
琉球	27,124	18,470	8.77	0.11
沖縄	25,439	17,982	9.55	0.35
西日本シティ	95,551	87,378	12.49	0.36
北九州	11,536	13,526	13.96	0.33
北洋	108,329	77,625	11.48	0.10
きらやか	12,730	9,818	7.66	0.04
北日本	14,015	10,414	8.60	0.26
仙台	10,357	9,033	7.92	0.10
福島	7,641	5,844	7.34	0.02
大東	7,258	6,612	9.66	0.16
東和	21,455	15,648	10.44	0.18
栃木	30,584	20,317	11.59	0.27
京葉	53,029	40,877	10.89	0.22
東日本	16,731	16,643	8.53	0.25
東京スター	16,242	14,285	11.04	0.09
神奈川	4,736	3,981	9.43	0.35
大光	14,113	11,336	8.68	0.38
長野	10,804	6,950	9.30	0.16
富山第一	12,490	9,546	11.29	0.42
福邦	4,327	3,492	5.93	0.04
静岡中央	7,165	5,966	11.81	0.37
愛知	37,077	30,069	8.82	0.26

銀行名	資金量（億円）	融資量（億円）	自己資本比率（%）	総資金利ざや（%）
名古屋	42,902	36,324	＊ 11.70	0.04
中京	19,261	15,683	7.05	0.17
みなと	38,167	30,531	8.32	▲ 0.01
島根	4,671	3,430	8.59	0.05
トマト	12,133	10,206	8.68	0.23
もみじ	32,698	24,637	11.46	0.23
西京	18,814	15,722	7.49	0.52
徳島大正	22,255	19,052	8.16	0.60
香川	17,972	14,985	9.46	0.35
愛媛	23,091	19,275	7.74	0.42
高知	10,086	7,576	10.80	0.16
福岡中央	4,859	4,245	9.39	0.25
佐賀共栄	2,355	1,907	9.17	0.56
長崎	2,532	2,673	10.45	0.31
熊本	16,271	19,822	9.66	0.47
豊和	5,623	4,203	9.22	0.32
宮崎太陽	7,362	5,441	8.09	0.21
南日本	7,772	5,788	8.12	0.36
沖縄海邦	7,383	5,495	9.11	0.15

注：①資金量は譲渡性預金を含まない
②大手行の資金量には債券を含むところがある
③信託銀行の資金量には信託勘定を含む
④信託銀行以外の銀行でも信託勘定を含む場合がある
⑤自己資本比率に＊印がついている場合は国際基準（普通株式等 Tier1 比率）で連結ベース。無印は国内基準で単体ベース
⑥総資金利ざやは原則、全店ベース。信託銀行、インターネット専業銀行、新設銀行の一部は資金運用利回りと資金調達利回りの差から算出。▲印はマイナス

全国信用金庫主要計数（2023年3月期）

信用金庫名	資金量（億円）	融資量（億円）	自己資本比率（%）	総資金利ざや（%）
北海道	11,795	6,501	17.62	0.09
室蘭	3,593	1,290	23.78	0.19
空知	3,198	1,473	16.76	0.19
苫小牧	5,042	2,530	20.88	0.35
北門	2,929	1,166	14.63	0.09
伊達	1,732	553	11.89	0.14
北空知	1,383	843	9.58	0.29
日高	1,496	858	15.59	0.25
渡島	2,088	1,454	10.04	0.68
道南うみ街	3,006	1,255	15.78	0.20
旭川	9,820	3,350	17.15	0.16
稚内	4,630	791	60.97	▲0.02
留萌	2,448	1,195	14.64	0.25
北星	2,949	1,140	16.14	0.28
帯広	8,528	3,607	16.59	0.17
釧路	2,568	1,140	11.84	0.08
大地みらい	3,990	1,258	24.48	0.04
北見	5,567	1,833	16.89	0.13
網走	3,078	1,046	31.43	0.17
遠軽	3,770	1,734	18.88	0.27
東奥	1,830	828	14.01	0.28
青い森	6,436	2,369	11.26	0.15
秋田	1,386	767	12.27	0.33
羽後	1,487	734	10.21	0.33
山形	1,338	846	11.63	0.33
米沢	1,624	697	17.14	0.32
鶴岡	2,091	809	25.96	0.24
新庄	774	420	12.55	0.65
盛岡	2,657	1,314	8.80	0.20
宮古	669	277	48.47	▲0.08
一関	2,421	950	11.51	0.16
北上	1,025	517	13.63	0.04
花巻	942	409	18.73	0.10
水沢	1,371	495	12.04	0.20
杜の都	6,425	3,520	10.07	0.17
宮城第一	1,348	828	7.82	0.16
石巻	1,897	822	27.87	0.29
仙南	2,280	1,232	10.66	0.26
気仙沼	1,276	511	29.47	0.09
会津	2,169	1,031	18.52	0.19
郡山	2,235	1,045	13.79	0.05
白河	2,436	1,003	20.01	0.09
須賀川	2,382	1,116	11.18	0.09
ひまわり	2,579	973	10.09	0.12
あぶくま	3,047	971	32.95	0.18
二本松	1,414	629	12.44	0.16
福島	4,512	1,967	13.62	0.18
高崎	5,239	2,233	11.37	0.06
桐生	5,487	3,202	9.98	0.11
アイオー	3,237	1,793	10.71	0.21
利根郡	1,898	931	9.54	0.18
館林	1,373	691	11.62	0.20
北群馬	1,713	1,058	11.61	0.26
しののめ	10,373	4,374	8.10	0.17
足利小山	3,265	1,499	10.72	0.10
栃木	2,752	1,251	5.60	0.16
鹿沼相互	2,228	1,074	8.96	0.14
佐野	1,202	536	10.55	0.10
大田原	1,307	824	13.25	0.29
烏山	1,920	741	10.63	0.09
水戸	11,882	4,595	8.56	0.18
結城	4,068	1,420	14.14	0.26
埼玉縣	31,566	18,429	9.28	0.02
川口	9,673	5,323	10.96	0.14
青木	8,155	4,299	8.22	0.14
飯能	13,687	6,325	13.72	0.43
千葉	11,412	6,030	8.12	0.19
銚子	5,266	1,623	10.66	0.13
東京ベイ	5,844	3,615	9.54	0.26
館山	1,578	861	14.91	0.22

信用金庫名	資金量（億円）	融資量（億円）	自己資本比率（%）	総資金利ざや（%）
佐原	2,313	987	11.30	0.14
横浜	20,335	11,463	10.30	0.09
かながわ	13,544	6,468	7.40	0.18
湘南	12,790	7,460	5.67	0.25
川崎	23,036	13,725	12.48	0.09
平塚	5,786	2,424	11.00	0.10
さがみ	8,537	3,518	9.84	0.06
中栄	4,672	1,739	17.56	0.24
中南	3,440	993	13.12	0.15
朝日	24,043	14,570	10.04	0.32
興産	3,962	2,535	10.62	0.32
さわやか	15,729	9,018	9.16	0.19
東京シティ	8,352	5,880	8.40	0.50
芝	11,388	6,049	11.56	0.20
東京東	21,124	11,530	11.05	0.22
東栄	1,437	696	11.78	0.20
亀有	6,261	2,850	15.54	0.16
小松川	1,667	1,000	9.23	0.27
足立成和	5,778	2,992	10.18	0.14
東京三協	1,695	1,153	8.53	0.27
西京	7,138	3,842	12.27	0.32
西武	22,585	15,074	13.14	0.36
城南	40,053	23,584	10.55	0.13
昭和	4,615	2,168	10.72	0.11
目黒	1,914	1,016	11.13	0.09
世田谷	2,605	1,474	7.52	0.11
東京	12,022	7,553	9.92	0.41
城北	26,677	13,100	8.47	0.35
瀧野川	6,881	3,538	9.24	0.27
巣鴨	19,933	9,259	10.94	0.15
青梅	8,990	5,214	11.63	0.51
多摩	32,196	11,648	8.60	0.23
新潟	3,081	1,515	14.30	0.17
長岡	2,196	905	15.36	0.16
三条	4,778	2,225	14.19	0.55

信用金庫名	資金量（億円）	融資量（億円）	自己資本比率（%）	総資金利ざや（%）
新発田	864	394	17.99	0.16
柏崎	983	461	13.26	0.12
上越	2,197	723	13.74	0.13
新井	1,153	428	11.91	0.26
村上	863	366	20.90	0.12
加茂	812	349	13.85	0.11
甲府	5,236	2,174	17.83	0.23
山梨	4,733	1,821	12.08	0.10
長野	8,717	3,587	25.50	0.24
松本	4,396	2,066	14.54	0.20
上田	2,890	1,505	15.81	0.08
諏訪	4,185	1,859	23.28	0.11
飯田	6,035	2,634	20.17	0.43
アルプス中央	3,409	1,350	10.75	0.02
富山	4,221	2,027	15.64	0.14
高岡	3,839	1,827	12.17	0.03
新湊	867	238	16.45	0.06
にいかわ	1,797	679	9.37	0.09
氷見伏木	948	250	17.86	0.19
砺波	869	374	11.60	0.08
石動	569	278	16.69	0.06
金沢	4,910	1,839	11.07	0.04
のと共栄	3,343	1,773	13.20	0.12
はくさん	3,123	1,760	8.23	0.14
興能	2,436	1,189	14.64	0.08
福井	8,309	3,789	17.26	0.39
敦賀	1,538	483	11.79	0.15
小浜	1,066	396	23.94	0.30
越前	1,799	420	16.44	0.26
しずおか焼津	17,920	8,977	12.54	0.10
静清	9,485	4,108	15.58	0.21
浜松いわた	27,497	13,166	13.68	0.00
沼津	5,624	2,353	15.77	0.15
三島	10,173	4,722	19.86	0.11
富士宮	3,966	1,711	19.95	0.23

信用金庫名	資金量（億円）	融資量（億円）	自己資本比率（％）	総資金利ざや（％）
島田掛川	10,169	3,594	8.63	0.14
富士	4,332	1,913	12.47	0.21
遠州	4,759	2,339	12.05	0.24
岐阜	25,900	14,326	9.77	0.08
大垣西濃	7,708	3,558	14.24	0.17
高山	2,443	1,262	9.26	0.09
東濃	12,097	5,727	16.58	0.08
関	2,901	1,243	14.40	0.17
八幡	1,229	318	62.03	▲0.00
愛知	2,740	1,256	14.55	0.15
豊橋	9,668	4,355	14.70	0.06
岡崎	36,063	17,151	11.71	0.24
いちい	11,141	4,363	11.43	0.09
瀬戸	21,827	11,257	12.28	0.13
半田	3,228	1,375	10.61	0.16
知多	9,110	4,292	10.88	0.13
豊川	8,645	4,073	10.90	0.12
豊田	17,595	9,017	9.87	0.15
碧海	22,743	11,805	15.10	0.06
西尾	14,200	7,315	17.32	0.27
蒲郡	14,271	6,195	13.69	0.14
尾西	5,164	2,244	9.77	0.19
中日	3,333	1,719	10.80	0.26
東春	3,067	1,405	11.47	0.15
津	1,014	177	20.98	0.08
北伊勢上野	4,179	2,276	9.34	0.28
桑名三重	7,930	3,241	14.73	0.17
紀北	970	216	29.98	0.09
滋賀中央	4,774	2,675	9.95	0.21
長浜	3,824	1,407	18.63	0.67
湖東	2,172	934	12.61	0.05
京都	28,710	18,456	8.11	0.10
京都中央	53,180	32,171	10.83	0.30
京都北都	8,024	3,748	8.57	0.15
大阪	26,397	15,810	12.82	0.39

信用金庫名	資金量（億円）	融資量（億円）	自己資本比率（％）	総資金利ざや（％）
大阪厚生	16,504	7,070	12.19	0.89
大阪シティ	25,592	14,224	10.30	0.07
大阪商工	7,069	4,698	10.35	0.59
永和	6,522	3,265	10.81	0.30
北おおさか	15,262	8,154	12.19	0.16
枚方	4,614	2,312	11.95	0.20
奈良	3,558	1,951	8.28	0.31
大和	7,273	3,762	11.19	0.23
奈良中央	5,445	2,153	16.43	0.50
新宮	1,170	479	28.65	0.20
きのくに	11,769	4,068	15.98	0.18
神戸	5,150	2,457	13.70	0.07
姫路	9,412	5,437	10.70	0.15
播州	12,291	7,469	9.26	0.32
兵庫	7,087	3,155	10.83	0.07
尼崎	27,532	13,196	16.25	0.20
日新	8,125	3,995	10.88	0.27
淡路	6,200	1,986	18.64	0.07
但馬	4,819	1,828	21.78	0.03
西兵庫	5,274	2,172	20.19	0.30
中兵庫	5,701	1,533	26.38	0.16
但陽	9,355	3,205	14.79	0.16
鳥取	1,938	1,045	8.65	0.35
米子	1,891	1,276	8.27	0.29
倉吉	871	434	17.78	0.26
しまね	1,246	678	9.83	0.28
日本海	1,086	528	12.06	0.08
島根中央	2,770	1,585	9.14	0.40
おかやま	5,886	2,486	10.79	▲0.01
水島	2,549	971	10.51	0.11
津山	1,495	682	11.13	0.15
玉島	3,711	1,591	14.13	0.13
備北	1,259	478	16.97	0.14
吉備	1,835	634	12.51	0.11
備前日生	2,265	831	10.37	0.19

信用金庫名	資金量（億円）	融資量（億円）	自己資本比率（%）	総資金利ざや（%）
広島	16,409	10,561	13.18	0.09
呉	8,063	4,560	11.67	0.18
しまなみ	3,799	1,506	9.55	0.16
広島みどり	1,005	387	17.80	0.47
萩山口	2,117	974	12.59	0.06
西中国	5,283	2,748	9.20	0.05
東山口	2,188	941	11.11	0.06
徳島	2,149	938	9.66	0.37
阿南	1,100	622	8.78	0.32
高松	5,105	2,311	11.49	0.18
観音寺	3,563	1,698	20.56	0.48
愛媛	6,692	3,278	20.85	0.24
宇和島	1,117	688	8.94	0.29
東予	1,067	517	14.80	0.16
川之江	878	435	22.45	0.07
幡多	1,629	956	21.34	0.29
高知	8,431	698	42.91	0.80
福岡	1,297	942	7.60	0.22
福岡ひびき	7,838	4,085	11.49	0.39
大牟田柳川	2,004	964	14.45	0.22
筑後	1,673	1,016	16.76	0.17
飯塚	2,880	1,563	17.31	0.39
田川	707	294	9.79	0.11
大川	1,551	627	17.11	0.12
遠賀	2,490	1,567	15.56	0.42
唐津	921	537	8.73	0.28
佐賀	1,332	664	10.94	0.18
伊万里	958	604	11.94	0.24
九州ひぜん	1,615	874	9.64	0.20
たちばな	1,458	869	9.20	0.24
熊本	1,772	1,044	10.57	0.37
熊本第一	3,109	1,695	9.15	0.27
熊本中央	2,147	1,058	9.93	0.32
天草	1,462	688	19.34	0.34
大分	2,367	1,031	21.23	0.04
大分みらい	4,346	2,105	13.29	0.03
日田	447	239	8.16	0.17
宮崎第一	2,386	1,278	10.77	0.15
延岡	744	375	11.10	0.13
高鍋	2,816	1,120	13.62	0.27
鹿児島	3,312	2,203	8.26	0.33
鹿児島相互	5,979	3,667	8.06	0.23
奄美大島	893	496	15.19	0.17
コザ	2,428	1,688	8.37	0.45

地域銀行の持ち株会社

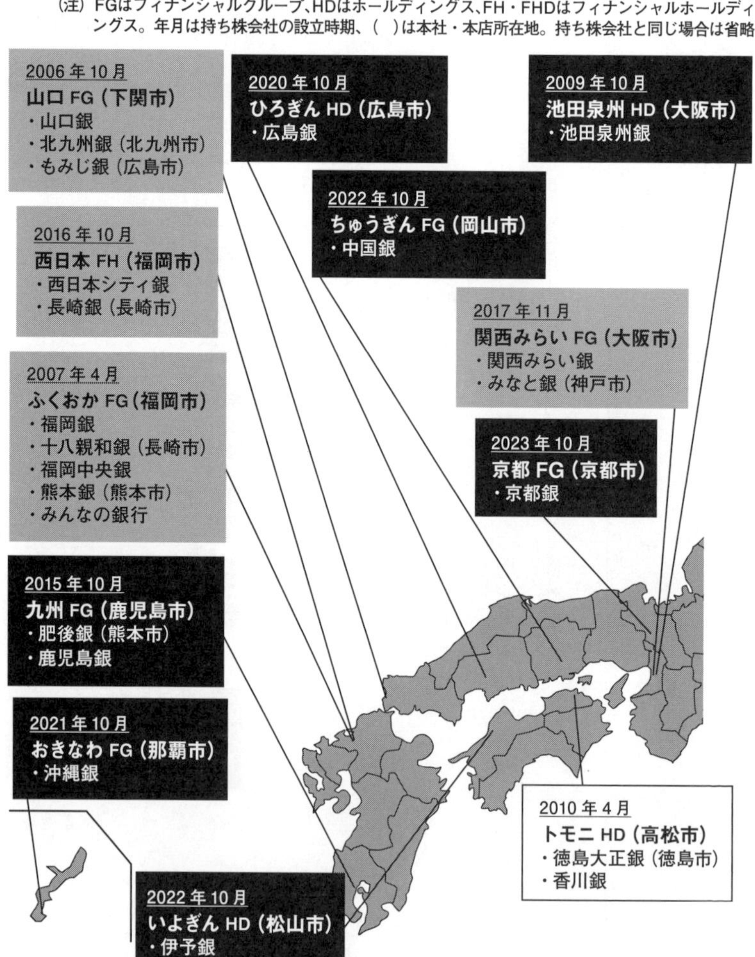

地方銀行のみ
第二地方銀行のみ
地銀＋第二地銀
（注）FGはフィナンシャルグループ、HDはホールディングス、FH・FHDはフィナンシャルホールディングス。年月は持ち株会社の設立時期、（　）は本社・本店所在地。持ち株会社と同じ場合は省略
2006年10月
山口FG（下関市）
・山口銀
・北九州銀（北九州市）
・もみじ銀（広島市）
2020年10月
ひろぎんHD（広島市）
・広島銀
2009年10月
池田泉州HD（大阪市）
・池田泉州銀
2022年10月
ちゅうぎんFG（岡山市）
・中国銀
2016年10月
西日本FH（福岡市）
・西日本シティ銀
・長崎銀（長崎市）
2017年11月
関西みらいFG（大阪市）
・関西みらい銀
・みなと銀（神戸市）
2007年4月
ふくおかFG（福岡市）
・福岡銀
・十八親和銀（長崎市）
・福岡中央銀
・熊本銀（熊本市）
・みんなの銀行
2023年10月
京都FG（京都市）
・京都銀
2015年10月
九州FG（鹿児島市）
・肥後銀（熊本市）
・鹿児島銀
2021年10月
おきなわFG（那覇市）
・沖縄銀
2010年4月
トモニHD（高松市）
・徳島大正銀（徳島市）
・香川銀
2022年10月
いよぎんHD（松山市）
・伊予銀

特別資料

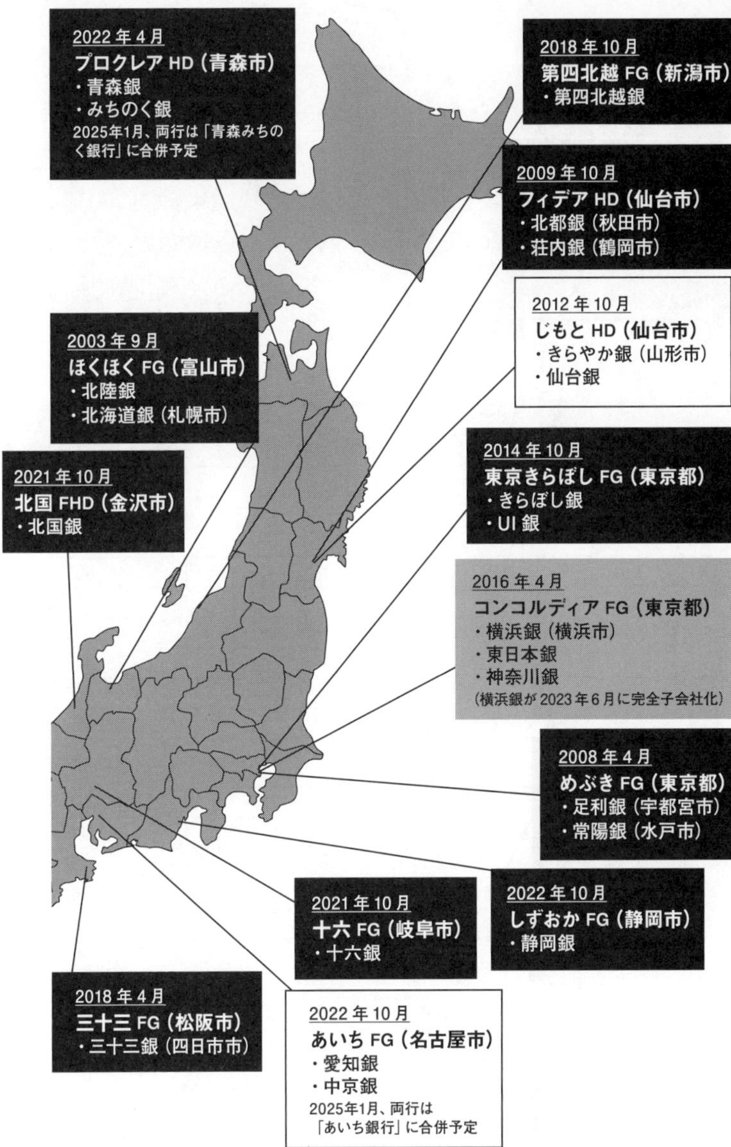
2022年4月
プロクレア HD（青森市）
・青森銀
・みちのく銀
2025年1月、両行は「青森みちのく銀行」に合併予定
2018年10月
第四北越 FG（新潟市）
・第四北越銀
2009年10月
フィデア HD（仙台市）
・北都銀（秋田市）
・荘内銀（鶴岡市）
2012年10月
じもと HD（仙台市）
・きらやか銀（山形市）
・仙台銀
2003年9月
ほくほく FG（富山市）
・北陸銀
・北海道銀（札幌市）
2021年10月
北国 FHD（金沢市）
・北国銀
2014年10月
東京きらぼし FG（東京都）
・きらぼし銀
・UI 銀
2016年4月
コンコルディア FG（東京都）
・横浜銀（横浜市）
・東日本銀
・神奈川銀
（横浜銀が2023年6月に完全子会社化）
2008年4月
めぶき FG（東京都）
・足利銀（宇都宮市）
・常陽銀（水戸市）
2022年10月
しずおか FG（静岡市）
・静岡銀
2021年10月
十六 FG（岐阜市）
・十六銀
2018年4月
三十三 FG（松阪市）
・三十三銀（四日市市）
2022年10月
あいち FG（名古屋市）
・愛知銀
・中京銀
2025年1月、両行は「あいち銀行」に合併予定

特別資料

金融界10大ニュース

「金融界10大ニュース」は、金融総合専門紙『ニッキン』(日本金融通信社発行)読者が関心を持ったその年の出来事。金融・経済の流れを変えた分岐点、世界を揺るがした危機などが見て取れる。

2022年

順位	ニュース	得票率(%)
1位	円安急進、1ドル=150円突破	97.1
2位	安倍元首相、凶弾に倒れる	93.8
3位	ロシア軍がウクライナ侵攻	91.1
4位	FRB、2年ぶりにゼロ金利解除	69.9
5位	民法改正で「18歳成人」	68.3
6位	東証、市場区分再編	62.9
7位	全銀協、電子交換所で決済開始	62.3
8位	SMBC日興証券、相場操縦で逮捕者	49.8
9位	日銀、3年7カ月ぶり指値オペ	40.5
10位	米・大手暗号資産交換所FTX破綻	40.5

2021年

順位	ニュース	得票率(%)
1位	みずほFG、大規模システム障害	95.8
2位	株価、30年半ぶりに3万円台	81.4
3位	東京2020オリ・パラ開催	80.4
4位	岸田政権発足	80.2
5位	緊急事態宣言 解除	58.2
6位	SBIHDが新生銀にTOB	55.6
7位	全銀システム、銀行間手数料下げ	54.6
8位	ワクチン職域接種 開始	45.7
9位	「中国恒大」懸念でNYダウ急落	43.2
10位	FATF、第4次審査結果を公表	40.5

2020年

順位	ニュース	得票率(%)
1位	株価、29年半ぶり高値	88.2
2位	東証、システム障害で売買停止	88.2
3位	初の緊急事態宣言	87.6
4位	WHO、パンデミック宣言	86.8
5位	「ドコモ口座」などで不正出金	81.3
6位	菅新政権が発足	77.2
7位	民間金融も無利子・無担保融資	74.0
8位	日銀、「特別当座預金」導入へ	48.8
9位	“脱ハンコ”広がる	44.6
10位	地域銀再編、独禁法に特例	31.8

2019年

順位	ニュース	得票率(%)
1位	「令和」幕開け	88.1
2位	消費税率10%に	87.9
3位	かんぽ、不適切販売	83.2
4位	台風被害、甚大	76.4
5位	2024年に新紙幣	57.5
6位	麻生金融相、金融審報告書の受け取り拒否	54.0
7位	金融検査マニュアル廃止	50.2
8位	FRB、10年ぶり金利引き下げ	43.2
9位	FATF、対日審査に着手	37.8
10位	SBIグループ、第4のメガバンク構想	32.3

2018年

順位	ニュース	得票率(%)
1位	スルガ銀、組織的不正融資で処分	88.4
2位	仮想通貨580億円流出	68.7
3位	銀行間振り込み、24時間365日実現	60.3
4位	大規模な自然災害　相次ぐ	53.7
5位	平均株価、27年ぶり高値	53.3
6位	働き方改革関連法成立	43.0
7位	LINE、金融業に参入	42.8
8位	つみたてNISAスタート	42.7
9位	佐川国税庁長官が引責辞任	39.1
10位	民法改正、成年年齢18歳に	37.7

整理・削除項目(2021〜2023年版掲載分)

本書は第34版となりますが、各版の作成にあたり、時宜にかなった約200項目を厳選、掲載しています。下記の項目は2022年版、2021年版、2020年版に掲載しましたが、次版で整理・削除したものです。2023年版と併せてご活用下さい。

■2023年版掲載、2024年版整理・削除

国際送金の進化	気候変動リスク・機会	新常態における業績評価
情報銀行	バーコード収納	レジリエンス研修
スーパーアプリ	リバースモーゲージ	ワーケーション
スーパーシティ	インベストメントチェーン	FIRE
スマホ・モバイル決済	オプトアウトと情報共有	HR業務
ユニコーン企業育成	自然災害債務整理ガイドラ	高齢者向けスマホ講座
CDO	イン・コロナ特則	後見支援預金
Emotet	老朽化マンション対応問題	特別当座預金制度
QRコード決済	CSV	G20
TLPT	LIBOR廃止の影響	
グリーンスワン	女性の登用・活躍推進	

■2022年版掲載、2023年版整理・削除

大阪デジタルエクスチェンジ	チャットボット	クロスボーダーローン
オープンイノベーション	フォレンジック	デジタル通帳
オンラインレンディング	レグテック	ノンリコースローン
クラウドファンディング	ロボアドバイザー	伴走支援型特別保証
グローバル・ステーブル・コイン	ITガバナンス	プライベートエクイティー
	ウェルスマネジメント	目利き力
全銀EDI	外貨建て保険販売資格制度	企業再生ファンド

ABL
PMI
営業時間の弾力化
監査等委員会設置会社
コンダクトリスク
コーポレートガバナンス・コード
スチュワードシップコード
中国、不動産バブル問題
内部監査
ファミリーオフィス
FRBによるテーパリング
RAF
オンライン研修
最低賃金
テレワーク
ちいきん会、地域ダイアログ
包括的担保法制
預金保険料の可変保険料率
MMT
地域活性化支援機構
プライムレート
PFI

■2021年版掲載、2022年版整理・削除

ビッグデータ
AIスコアレンディング
IoT
ユニコーン・デカコーン
ギグエコノミー
NPS
M&A
ニンジャローン
プライベートバンキング
資産運用の高度化
ワンコイン投資
少額短期保険
コモディティ投資
ラップ口座
マイナポイント事業
中間持ち株会社
GABV・JPBV
超低金利環境と副作用
香港、一国二制度 崩壊危機
米中貿易対立激化
婚活支援
グリーンスワンと金融危機
CSR
働き方改革
プロセス評価
ダイバーシティ・インクルージョン
銀行の服装自由化
アルムナイ活用
年金財政検証
リース会計基準
金融リテラシー
日本型金融排除
TLAC
総合取引所
インサイダー取引
成長戦略会議
政策金融機関
FATCA
デリバティブ
CDS
ALM

2024 年版 金融時事用語集

2023年12月11日　第35版第1刷発行
発行人／飯田裕彦　編集人／竹生 俊
発行所　株式会社　金融ジャーナル社
〒102-0074　東京都千代田区九段南4-3-15
電話 03(3261)8826　FAX 03(3261)8839
https://www.nikkin.co.jp/journal/

定価：本体1,650円（本体1,500円＋税10%）　送料実費

印刷所　株式会社 北進社

乱丁、落丁本はお取り替えします
ISBN978-4-905782-23-0 C2533 ￥1500E